江苏省

旅游饭店行业节能减排考核体系研究

Study on the Evaluation Methods for Energy Conservation in Jiangsu Hospitality Industry

阮立新 著

北京·旅游教育出版社

序

当前,我省旅游饭店业正处于快速发展阶段,全省拥有饭店数量、年营业收入等各项指标均创新高,为建设美好江苏和旅游强省做出了应有的贡献。但从饭店的成本构成看,能源消耗仍偏高,企业之间的能源管理水平差距明显,一些饭店长期处于"高能耗"、"低效益"的状况,制约了其健康成长和发展。解决这一问题,是我们贯彻落实《国务院关于加快发展旅游业的意见》、保护环境、节能减排的题中应有之义。

在这一背景下,江苏省旅游局以本省旅游饭店发展的现状为依据,委托南京旅游职业学院进行"江苏省旅游饭店行业节能减排考核体系"的课题研究,旨在编制一套适合我省现状并可全面运用于实际考核的指标体系。作为这一课题的重要成果,作者通过大量的企业调研和数据分析,并在广泛征求专家意见、参考国内外相关研究成果的基础上,撰写了《江苏省旅游饭店行业节能减排考核体系研究》,对江苏省旅游饭店能源管理现状、能耗控制水平及影响饭店能耗的主要因素等进行了比较全面的分析,提出了改善饭店能源管理的方法和大量生动可学的案例。

本书主要从四个方面进行了探索性和开创性研究工作:一是在大量的饭店能耗数据统计和分析研究基础上,提出了以"单位面积综合能耗"作为行业能源管理的考核指标,并辅以"饭店节能减排措施测评标准",共同构成《江苏省旅游饭店行业节能减排考核体系》,为管理部门考核我省饭店行业节能减排工作提供了量化依据。二是通过对饭店能耗的影响因素分析,系统地整理了旅游饭店在经营管理、设备运行、更新改造等各环节的节能减排途径、技术手段及管理模式,对全面提高我省旅游饭店行业的能源管理水平,最大限度地减少能源消耗,具有较强的针对性和指导性。三是通过对饭店企业经营特点、机电系统运行要求的阐述,为投资人和设计者在投资建设、建筑设计、设备选型和系统配置等方面提供了有价值的参考依据,在很大程度上促进了行业建设质量的提升。四是深入分析了饭店行业的节能减排潜力和推进该项工作所面临的任务和困难;提出了加强政策引导,完善配套的鼓励政策;加快节能减排示范点建设,树立典型;推行合同能源管理;培育节能服务体系及加强节能技术交流等措施。这份研究成果为政府相关部门创新机制、提高行业服务水平提供了有力量的借鉴方法。

节能减排是国家战略,是建设资源节约型和环境友好型社会的必然要求,也是企业自身发展的必然选择。我们相信,通过对饭店行业节能减排工作的不断研究,将会进一步促进能源管理理念的更新,推动行业的节能技术进步和管理机制创新,从而使饭店行业的能源管理工作跃上一个新的台阶。

江苏省旅游局副局长　周旭
2012.7.27

前　言

本书是在国务院《关于加快发展旅游业的意见》(国发〔2009〕41号)和国家旅游局《关于进一步推进旅游行业节能减排工作的指导意见》(旅办发〔2010〕80号)文件的战略指引下,结合江苏省旅游局重点课题——《江苏省旅游饭店行业节能减排考核体系》(以下简称《考核体系》)的研发,经过广泛的企业调研、数据和资料收集,在深入进行相关研究的基础上撰写而成。

本书共分为五章,重点围绕江苏旅游饭店能源消耗和管理状况,从能耗数据的量化考核和节能减排措施测评考核两方面,提出饭店行业节能减排的考核方法;同时,从饭店企业和行业管理两个层面,提出加强能源管理、更新能源管理模式、最大限度节能降耗、实现行业能源管理水平提升的方法和路径。第一章重点阐述研究背景、国内外相关研究概况,对《考核体系》在加强行业管理部门监管、探索饭店能源管理新模式、促进节能降耗新技术的推广应用、提升行业能源管理水平等方面的积极影响进行了分析阐述。第二章全面分析了江苏旅游饭店行业能源管理现状和主要存在问题,通过数据分析与研究,提出能耗的量化考核参数。同时,从设计、设备选型和运行管理几方面分析影响饭店能耗的主要因素,提出饭店节能减排的基本原理和方法。第三章从能源管理体制、设备运行与维护及节能改造等方面列举和介绍了相关管理经验和节能技术、节能措施的运用,探索饭店在运行管理中提高能源使用效率、降低能源消耗的途径。第四章全面阐述《考核体系》的内容与考核方法;说明"饭店单位面积综合能耗指标及限额"值的确定和能耗统计、计算方法;针对江苏饭店行业能源管理实际,制订了由"建筑设计与设备运行"、"能源管理"和"环境保护"三方面组成的"节能减排措施测评标准",并对部分测评内容进行说明和解释。第五章通过对某典型饭店的实测,列举和分析该饭店在推进节能减排工作中所采取的管理措施和技术措施。另外,提出了进一步完善《考核体系》的基本思路,并阐述了为实现饭店行业节能减排目标,应从政策机制、行业协会责任义务、培育节能服务体系等方面采取相应的推进措施。

本书由南京旅游职业学院工程技术系主任阮立新副教授撰写和整体统稿,本院王新宇老师协助起草第二章第二节("饭店能耗测评参数的确定"部分内容)、节能工作者谢建华先生协助起草第五章第一节的初稿。作者长期从事旅游饭店能源管理、低碳饭店等方面的实践与研究,《江苏省旅游饭店行业节能减排考核体系》课题组负责人;该课题组成员有:张新南、谢建华、王新宇、马卫、沈祉闻。课题的研发,得到了江苏省旅游局、南京城市名人酒店、溧阳天目湖宾馆、南京古南都饭店、南京国际会议大酒店、南京东方珍珠饭店、东台国际大酒店、连云港云台宾馆、苏州南园宾馆、南京沃亚能源科技有限公司、盐城金坤节能科技有限公司等部门及多家企业的大力支持。本书撰写过程中,参考了已有的相关研究成果,在此一并表示感谢!

南京旅游职业学院 阮立新
2012 年 7 月

目 录
CONTENTS

第一章 绪 论 ··· 1

  第一节 研究背景 ·· 1

    一、加强节能减排是大势所趋 ··· 1

    二、推进节能减排意义重大 ·· 3

    三、推广节能减排任务艰巨 ·· 4

  第二节 相关研究概况 ·· 5

    一、国外建筑及饭店节能减排研究 ··································· 6

    二、我国建筑节能减排研究 ·· 10

    三、我国饭店节能减排相关规范 ···································· 11

  第三节 饭店节能减排考核体系研究的现实意义 ················· 13

    一、为科学合理的量化考核提供依据 ···························· 14

    二、有助于提升行业能源管理水平 ································ 14

    三、为"精确化"设计提供依据 ····································· 15

    四、为饭店企业节能技术改造提供参考 ························· 15

    五、有助于转变行业能源管理模式 ································ 16

第二章 饭店能耗的测评方法与影响因素 ························· 17

  第一节 典型问题分析 ·· 17

    一、建筑设计缺陷明显 ·· 17

    二、能源管理方法不当 ·· 18

    三、技术改造措施不力 ·· 19

四、设备运行管理科学性不强 …………………………………… 19
　　五、节能、低碳服务体系不健全 ………………………………… 20
第二节　饭店能耗数据调研与评价方法 ……………………………… 21
　　一、企业调研 …………………………………………………… 21
　　二、饭店能耗评价方式 ………………………………………… 22
　　三、不同类型、条件下的饭店能耗分析 ………………………… 31
第三节　影响能耗的主要因素分析 …………………………………… 38
　　一、建筑设计 …………………………………………………… 38
　　二、系统设计及设备选型 ……………………………………… 41
　　三、运行管理 …………………………………………………… 54
附表2-1　饭店企业调研表 …………………………………………… 64

第三章　饭店能源管理措施 …………………………………………… 71

第一节　能源管理体制与方法 ………………………………………… 71
　　一、能源管理体制 ……………………………………………… 71
　　二、能耗监测管理系统 ………………………………………… 76
第二节　节能运行与设备维护 ………………………………………… 81
　　一、节能运行 …………………………………………………… 81
　　二、设备管理与维护 …………………………………………… 84
第三节　节能改造 ……………………………………………………… 89
　　一、空调系统节能改造 ………………………………………… 89
　　二、其他项目节能改造 ………………………………………… 92
　　三、节能改造实例 ……………………………………………… 95
附表3-1　设施设备计划维修表(部分) ……………………………… 106

第四章　江苏省旅游饭店行业节能减排考核体系 …………………… 122

第一节　前言 …………………………………………………………… 122

一、范围 …………………………………………………………… 122
　　二、术语和定义 …………………………………………………… 122
　　三、规范性引用文件 ……………………………………………… 123
　　四、级别划分 ……………………………………………………… 124
　第二节　节能减排考核体系 ………………………………………… 124
　　一、饭店单位面积综合能耗测评 ………………………………… 124
　　二、饭店节能减排措施测评标准 ………………………………… 129
　　三、测评考核方法 ………………………………………………… 139
　第三节　对考核体系文本的说明和解释 …………………………… 140
　　一、考核方法说明 ………………………………………………… 140
　　二、饭店节能减排措施测评标准说明 …………………………… 140

第五章　饭店企业实测调研与后续问题展望 ………………………… 156
　第一节　饭店企业实测 ……………………………………………… 156
　　一、饭店能源管理状况 …………………………………………… 157
　　二、综合能耗与节能减排措施测评 ……………………………… 161
　第二节　后续问题展望 ……………………………………………… 173
　　一、《考核体系》的进一步完善 ………………………………… 173
　　二、饭店行业节能减排展望 ……………………………………… 174

参考文献 ……………………………………………………………… 177

第一章 绪 论

第一节 研究背景

一、加强节能减排是大势所趋

2009年9月22日,国家主席胡锦涛在联合国气候变化峰会开幕式发表了《携手应对气候变化挑战》的重要讲话。他指出,全球气候变化深刻影响着人类生存和发展,是各国共同面临的重大挑战;中国将进一步把应对气候变化纳入经济社会发展规划,并继续采取强有力的措施。一是加强节能、提高能效工作;二是大力发展可再生能源和核能;三是大力增加森林碳汇;四是大力发展绿色经济,积极发展低碳经济和循环经济,研发和推广气候友好技术。这一讲话具有重要的战略意义;表明中国高度重视和积极推动全面协调可持续的科学发展,坚持节约资源和保护环境的基本国策,坚持走可持续发展道路。

根据世界旅游组织最新研究显示,2005年,旅游业对全球温室气体排放负有5%的责任;至2035年以前,来自旅游业的二氧化碳排放量约以2.5%的年均速度增长;旅游业节能减排重点在旅游交通特别是空中飞行、住宿餐饮、相关旅游活动及相关设备制造等耗能环节上[①]。2009年12月国务院发布了《关于加快发展旅游业的意见》,首次提出把旅游业培育成国民经济的战略性支柱产业,根据《意见》中的规划,到2015年,旅游消费将占居民消费总量的10%,旅游业总收入年均增长

---

① 石培华,吴普. 发展低碳旅游的思路与举措. 中国旅游报,2010-01-08.

12%以上；旅游业每年将新增旅游就业50万人，到2020年我国旅游产业规模、质量、效益基本达到世界旅游强国水平。《意见》也同时提出了"低碳旅游"这一概念，指出饭店等旅游企业要大力倡导低碳消费方式，积极推进节能环保，实施节能节水减排工程；国家旅游局在2010年6月出台的《关于进一步推进旅游行业节能减排工作的指导意见》中，要求五年内将星级饭店用水用电量降低20%，超过能耗限额的企业不能被评定为星级饭店。根据《关于进一步推进旅游行业节能减排工作的指导意见》中的数据测算，全国1.4万家星级饭店全年用电174亿千瓦时，相当于浙江新安江水电站（中型水电站）9年的发电量；全年用水9.2亿吨，相当于国内42个小城市（每个城市20万人口）一年的综合生活用水量。国家旅游局对全国近500家星级饭店2009年能耗情况的调研数据显示：五星级饭店平均每间夜客房用电96千瓦时，用水4.18吨；四星级饭店平均每间夜客房用电49千瓦时，用水2.1吨；三星级饭店平均每间夜客房用电35千瓦时，用水2.1吨；低星级饭店平均每间夜客房用电20千瓦时，用水1.9吨。部分高星级饭店作为大型公共建筑，年综合能源消费量在5000吨标准煤以上，可以列入重点耗能单位。按照目前的能耗水平，如果星级饭店5年内用水用电量降低20%，5年后，每年可节约用电34.8亿千瓦时，节约用水1.8亿吨。由此可见，星级饭店节能减排潜力巨大[①]。

2011版《旅游饭店星级的划分与评定》（GB/T14308）中的"必备项目"、"设施设备评分表"和"饭店运营质量评价表"中也增加并强化对饭店节能减排方面的具体测评项目，明确要求饭店企业要推进节能环保、积极利用新能源新材料，广泛运用节能节水减排技术，实行合同能源管理，实施高效照明改造，减少温室气体排放，积极发展循环经济，创建绿色环保企业。可以预见，饭店业的低碳化发展将成为未来一段时间中国饭店业的主旋律。

综上，节约能源是我国经济和社会发展的一项长远战略方针，同时也是当前一项极为紧迫的任务。节能环保、发展低碳经济已不仅仅局限于宣传与理论研究，而是进入了实践和推动阶段；低碳化将是旅游饭店行业发展的必然选择；饭店自身产

---

① 鲁凯麟．节能减排 星级饭店大有可为．中国旅游报，2010－06－30．

生了相当的碳排放,具有很大的减排空间,是应对气候变化及节能减排的优势产业,理所当然地成为降碳和节能减排的重要领域[1]。推进节能减排工作,一方面是积极承担环境保护责任,完成国家节能降耗指标的要求;另一方面是提高能源利用效益、降低企业运行成本、建设生态文明,摒弃先污染后治理的发展模式。

二、推进节能减排意义重大

旅游饭店业作为旅游业的主要支柱,已不仅仅是旅游者的休憩场所。在现代社会中,旅游饭店通常是所在城市的商务中心、会议中心和外交中心,当地政务活动、节庆活动和商务活动的开展主要依托这些场所进行。因此,旅游饭店业已经是人们社会生活的重要组成部分,它的发展不仅关系到整个旅游业的生存和发展,也直接关系到所在城市的社会形象和经济发展。饭店在经营中,需要消耗大量的资源,同时排放大量的大气污染物,已成为碳排放的城市污染源。例如使用燃煤、燃油锅炉,排放大量的烟尘、二氧化硫、氮氢化合物和二氧化碳;一家中等规模的三星级饭店,一年大约要消耗1400吨煤的能量,可向空中至少排放4200吨二氧化碳、70吨烟尘和28吨二氧化硫[2]。随着环境保护问题和能源危机的日益突出,节能减排已成为当下各饭店企业及行业主管部门迫在眉睫的重要工作。推进节能减排,发展低碳饭店是要以环境保护和可持续发展为理念,坚持清洁生产、倡导低碳绿色消费、节约资源和能源、保护生态环境,实现社会效益、经济效益和生态环境效益的"多赢"[3]。然而,饭店的节能减排、低碳化是一项系统而又复杂的工程;是要将低能源消耗、低物质消耗贯穿于整个建设过程、生产过程和服务过程,它涉及饭店的设计、施工、管理、服务、营销、文化等方方面面。由于我国饭店业建设过程的专业化水平不高,因设计和建设缺陷而造成的运行能耗过大现象较为常见,同时,营运中的饭店在能源管理及绿色低碳经营方面还仍是一个薄弱环节;因此,饭店的节能减排及低碳化经营既面临巨大挑战又有重要的现实意义。

---

[1] 蔡萌,汪宇明. 低碳旅游:一种新的旅游发展方式. 旅游学刊,2011(1).
[2] 王娟. 低碳化:旅游业发展必须面对的课题. 中国旅游报,2009-09-23.
[3] 翁钢民,刘岩. 低碳饭店的实现路径:基于环境成本控制视角的研究. 生态经济,2011(1).

江苏旅游饭店业正处于快速发展阶段,截至2011年底,全省已有星级饭店893家(其中五星级64家、四星级191家、三星级395家),客房总数约10.2万间,创历史最高水平,为江苏经济的发展、旅游强省的建设奠定了坚实的基础。尽管业绩有目共睹、令人鼓舞,但快速的发展并不能掩盖饭店业存在的问题,许多旅游饭店的能耗成本过高,企业间的能源管理水平差距还很大。随着国际能源供应紧张,石油价格不断升高,能源消耗使饭店的经营成本大幅提高,能源消耗问题已经成为当前我省旅游饭店业可持续发展的核心问题。

三、推广节能减排任务艰巨

随着近年来节能减排的宣传和相关标准、法规的贯彻,饭店业的节能意识大大加强,许多饭店都制定了自己的能源管理办法,取得了一定成效。但许多饭店的节能管理工作都还很不完善,从能源管理机构、管理制度建设到能源计量、能源考核、节能监督以及全员节能意识的培养等方面,均有可挖掘的潜力[①]。总体来说,在推广节能减排工作方面还存在以下主要问题:

一是市场环境还不成熟。一方面各饭店企业(特别是单体饭店)由于缺乏专业的能源管理人才,工程技术力量薄弱,在面对各种不断涌现的节能新技术、新设备时,难以做出科学的选择,往往造成投入大、节能效果差等情况;而另一方面,合同能源管理等节能服务的市场认同度不高,没有充分发挥作用。此外,一部分饭店在尝试取消客房六小件的做法时,因为暂时得不到客人的支持与响应而搁浅。例如广东省旅游局曾下发了《关于我省星级饭店逐步取消一次性日用品的通知》,要求从2010年4月1日起,省内星级饭店不再将一次性日用品直接配送至每间客房,仅在客人有需要时,由客房服务中心或服务台配送。然而实践证明,这一规定基本是形同虚设,几乎没有饭店照章执行。原因是住店客人认为,饭店客房里摆放六小件是理所当然的,因为客人已经付了费用;饭店一厢情愿地取消六小件,给

---

① 魏卫,赵思香,杨新风.酒店业推广节能减排影响因素的实证研究——以广东省星级酒店为例.旅游学刊,2010(3).

客人造成不方便；而且在房费上也没有因此降低，客人没有从中受益。而欧洲众多的星级饭店自20世纪90年代中期开始，就已经逐渐摒弃了床单需每日换洗的"清规戒律"。这说明我国饭店业的绿色消费环境并没有完全建立起来，消费者的绿色消费意识还有待提高。绿色消费环境的建立是一个任重而道远的过程，需要全社会的不断努力。

二是饭店节能技术信息不畅。有效的节能信息、经验的交流是推广节能减排的重要手段，一个饭店自身收集节能信息、开发节能技术的力量有限，但饭店行业组织作为连接组织内成员的桥梁，如果能加大节能技术推广和服务的力度，为饭店之间、饭店与节能技术服务企业之间搭建起信息沟通的平台，就可以在一定程度上弥补这一不足。

三是政策引导不力。国内外实践表明，节能减排需要政府的宏观调控与引导。要破解饭店行业节能减排所面临的难题，应该先从宏观政策层面入手，设计一套完整的节能减排政策体系，建立有效的节能减排激励机制，可以为饭店业节能减排的推广提供良好的政策保障。

四是节能管理人才严重匮乏。饭店节能管理人才是集节能管理与节能技术于一身的复合型人才，既要有丰富的饭店管理经验，又要有过硬的工程技术专业知识，掌握各类节能技术的发展、运用，熟知节能设备选型，能制订完善的能源管理制度和工作计划等，而现实中的饭店（特别是单体饭店）企业中，具备这些技术力量的可谓凤毛麟角。人才严重匮乏已经成为制约饭店业推广节能减排的瓶颈。

第二节　相关研究概况

饭店节能减排主要基于四个基本原则：减量化原则、再使用原则、再循环原则和替代原则。也就是说，饭店在不影响产品及服务质量的前提下，尽量使用较少的原料和能源投入；在确保不降低饭店设施和服务标准的前提下，减少一次性用品的使用范围和用量；在物品使用后将其回收，从而变成可利用的再生资源；使用无污染的物品或再生物品。

一、国外建筑及饭店节能减排研究

建筑环境性能综合评价起源于20世纪90年代初的英国,用于判别建筑在整个寿命内从建筑规划、设计、施工,竣工后使用直至报废拆除的各个阶段的环境性能的优劣,采用环境性能指数评级。

(1)英国的BREEAM(Building Research Establishment Environmental Assessment Method)[①]。1990年由英国建筑研究院出台,命名为"英国建筑研究院环境评价系统",是世界上第一个、也是运用最广泛的建筑环境性能评价系统,BREEAM将建筑对环境的影响分为三类:对室内环境的影响、对室外环境的影响和对全球环境的影响。分别对建筑管理、健康、能源消费、交通、水的消费、原材料、土地使用、当地生态环境和污染等九个方面的表现评定分数,综合得出一个总的评价结论,最后授予该建筑评价等级。同时规定了每个等级下的最低限分值。英国建筑研究院通过BREEAM体系帮助联合国环境规划署和包括荷兰、法国、俄罗斯、西班牙、沙特、阿联酋等国在内的组织和国家创立了适用于当地的绿色建筑评估标准。包括汇丰银行总部、联合利华英国总部、伦敦斯特拉大厦、巴黎贺米提积广场、德国中央美术馆购物中心在内的一大批全球知名地标建筑都采用了BREEAM评估体系进行绿色建筑评估认证。

(2)美国的LEED(Leadership in Energy and Environmental Design)[②],即能源与环境设计先导计划。它是美国绿色建筑协会(USGBC)在研究各种绿色建筑量度和分级体系基础上,于1998年正式推出,以现有的建筑技术为基础,给出已经得到公认的环境评价标准。当建筑的某个特征达到某个标准时,将获得一定分数,该协会根据获得的总分数颁发绿色建筑认证资质,分为四个等级:认证级,银级,金级和白金级。评估体系由五大方面、若干指标构成其技术框架,主要指可持续建

---

① Garston Watford. BREEAM/New Office Version1/93, an environmental assessment for new office designs. United Kingdom: Building Research Establishment,1993.
② U. S. Green Building Council. LEED Rating System Version2.0. Washington, DC: U. S. Green Building Council,2001.

筑场址规划、保护和节约水资源,高效的能源利用、材料和资源,室内环境质量。

(3)加拿大等15国GBC(Green Building Challenge)[①]。由加拿大等15个国家组成国际绿色建筑挑战协会,为各国的建筑环境性能评价提供一个框架,希望各个国家参考这个框架来制定本国的评价体系。评价标准分八个部分:环境可持续发展指标度量标准、物资资源消耗标准、建设时期的环境负荷标准、室内空气质量标准、建筑维护标准、建筑在寿命周期的成本额经济性、运行管理标准和术语表。目前的GBC2000采用定性和定量相结合的评价方法,内含15个国家的标准,可调整适合不同国家使用。

(4)日本的CASBEE[②],德国的LNB,挪威的Eco Profile,法国的ESCALE以及我国香港、台湾地区也相继推出绿色建筑评估体系,其中都广泛使用了建筑节能设计评估软件。

(5)国际饭店集团节能减排研究。国际标准化组织ISO在1987年成功制定了ISO9000质量管理系列标准之后,欧洲一些饭店在执行该标准的同时,意识到应对环境进行保护,但它们仅仅是根据本饭店的管理经验制定了一些有利于环境保护的操作要求,例如内陆酒店和雅高酒店制定的"酒店环保指南"等[③-⑤],只是针对部分产品单项指标提出的标准,例如客房减少牙刷、牙膏等一次性用品,鼓励循环使用,回收废旧电池,建立化学危险品仓库等。这些都是各个饭店自发的行为,制定的评估标准仅限于本饭店使用[⑥-⑧]。可以说该阶段属于绿色饭店概念的萌

---

① Raymond J. Cole, Nils Larsson. GBC2000 Assessment manual. Ottawa:Natural Resources Canada, 2000.
② 日本可持续建筑学会.CASBEE建筑综合环境性能评价系统.石文章,译.北京:中国建筑工业出版社,2005.
③ INTERNATIONAL HOTEL & RESTAURANT ASSOCIATION. Environmental Good Practice in Hotels. New York USA:The American Hotel & Motel Association,1996,6.
④ INTERNATIONAL HOTEL & RESTAURANT ASSOCIATION. Environmental Good Practice in Hotels. New York USA: The American Hotel & Motel Association,1999,12.
⑤ INTERNATIONAL HOTEL & RESTAURANT ASSOCIATION. Environmental Good Practice in Hotels. New York USA :The American Hotel & Motel Association,2000,4.
⑥ INTERNATIONAL HOTEL & RESTAURANT ASSOCIATION. Environmental Good Practice in Hotels. New York USA : The American Hotel & Motel Association,2001,3.
⑦ INTERNATIONAL HOTEL & RESTAURANT ASSOCIATION. Environmental Good Practice in Hotels. New York USA : The American Hotel & Motel Association,2002,6.
⑧ INTERNATIONAL HOTEL & RESTAURANT ASSOCIATION. Environmental Good Practice in Hotels. New York USA : The American Hotel & Motel Association,2003,8.

芽时期,但取得了显著成效。例如,1985—1995 年,内陆酒店集团通过开展绿色活动,减少能源成本 27%;雅高酒店管理集团曾经营、管理过 2400 家饭店,为每一家饭店都制定了"饭店环保指南",全面开展环境管理工作[①-④]。

1991 年,由世界 11 个著名的饭店管理集团创建了"国际酒店环境倡议"机构,指导饭店业实施环保计划,改善生态环境,促进饭店可持续发展。这些饭店共同提倡成立国际酒店环境管理协会 IHEI(International Hotels Environment Initiative)[⑤-⑨];标志着饭店环境管理不是一家饭店、一个集团的行为,而是全球饭店行业的共同行为准则,创建绿色饭店是全球商贸旅游业可持续发展的需要。1992 年在联合国环境与发展大会上,创建绿色建筑被明确提出,引起全球各个国家政府的高度重视。

1996 年,ISO14000 环境管理系列标准出台之后,北欧的瑞典、挪威、芬兰、丹麦等国的白天鹅、加拿大的枫叶、德国蓝色天使等环境组织,以色列、美国、英国等国家的饭店管理组织和绿色环保机构开始制定本国或区域性的绿色饭店管理项目[⑩-⑫]。内容介绍了上述国家对饭店运作过程的主要产品、服务方面的质量管理和环境管理的具体操作要求,政策指导性内容明显增多。最初几年,欧美国家的饭店绿色化程

---

① Ranzi MF, Cappeli L. Integration between ISO9000 and ISO14000:opportunities and limits. Total Qual Manage 2000,11(4).

② Quazi HA, Khoo YK. Motivation for ISO14000 certification:development of a predictive model. Omega,2001,29(6).

③ Ritchie I, Hayes WA. A guide to the implementation of ISO14000 series on environmental management, Englewood Cli. s(NJ):Prentice – Hall,1998.

④ ADEME. Final Report – Green Flag for Greener Hotels,LIFE ENV/00038/FR Porject,06/02/2001.

⑤ ADEME. Interim Report and Annex – Green Flag for Greener Hotels,European Commission DGXI,LIFE Program,1999.

⑥ D. N. Trang. Resource use and waste management in Vietnam hotel industry. Journal of Cleaner Production. 2005,13(6).

⑦ Alberti M., Rossi D. Evaluation of costs and benefits of an environmental management system. Int J Prod Res,2000,38(17).

⑧ Anderson J. Development of an environmental research strategy in Sweden. J Constr Steel Res,1998,46(3).

⑨ Berkel R, Kampen MV, Kortman J. Opportunities and constrains for product – oriente environmental management system(P – EMS). J. Clean Prod,1999,7(6).

⑩ Berry MA, Rondinelli DA. Proactive corporate environmental management:a new industrial revolution. Acad Manage Exec,1998,12(2).

⑪ Biro JA, Junquera B. Influence of the perception of the external environmental pressures on obtaining the ISO14001 standard in Spanish industrial companies. Int J. Prod Res,2003,41(2).

⑫ IHR. Environmental Good Practice in Hotels. New York USA:The American Hotel & Motel Association,1999,10.

度每年的平均增长率为18.2%[①]。

近年来,国际饭店业集团能源管理的内涵逐渐深入和宽泛,提出"可持续饭店节能"。如"万豪国际酒店管理集团节能手册"、"洲际酒店集团绿色管理"等。这些标准或规范通常都是围绕在饭店设计和运行中,减少能源消耗、减少对环境的影响,为客人及社会提供更安全、更健康和更舒适的环境。以洲际酒店集团绿色管理为例,它借鉴并引用了LEED及BREEAM的相关评估体系,并建立了由八个类别组成的评估标准,这八个类别是:"位置"、"水"、"产品和材料"、"废物"、"建筑物外体"、"机械"、"电"及"营运和程序"。对每一类别分别设定了具体的设计、运行策略与技术要求;力求实现减少能源消耗、减少水用量、减少碳排放量、提高客人的健康和舒适度、降低运营和维护费用、增强客人和员工的持续性发展的意识等。八个类别中的测评子项目设置是按"新饭店"和"已有饭店"两种情况;新饭店共设有50个测评项目,已有饭店设30个测评项目;每个项目均设有分值,按实测得分多少,划分为"认证1级"、"认证2级"和"认证3级"。部分测评内容见表1-1。

表1-1 饭店检查表(电力部分)

类别	项目	子项目	得分
电力	高效节能照明	客房内不使用白炽灯	1
		减少照明功率密度	1
		优化照明	1
	照明和机械系统的传感控制	办公室使用感应器	1
		走廊装饰性灯具使用传感器	1
		多重使用空间使用传感器	1
	照明设计和照度规定	增加均匀性	1
		降低总体照明度	1
	客房总控开关	客房提供总控开关	1
	采光设计和控制	所有公共区域安装日光感应器	1
		日光感应器与客房总控开关连接	1
	节能产品	节能电器	1
		节能电视	1
		客房节能冰箱	1
	建筑节能系统试运转	节能运行方案	1
		现有酒店重新测试	1

---

① IHR. Environmental Good Practice in Hotels. New York USA:The American Hotel & Motel Association,2000,2.

虽然上述评估系统都是从规划方案、设计、施工和开业后运营各个过程的环境性能进行评估,但是无论哪一种评价系统使用起来都很复杂,而且都明显指向本国或本集团使用,评价基准不统一,也缺乏能耗指标的量化考核。因此,需要对饭店能源消耗和能源管理提出科学、客观、简便易行和实操性强的测评系统。

二、我国建筑节能减排研究

我国政府对降低建筑能耗工作十分重视,自1986年颁布实施《民用建筑节能设计标准》(JGJ26—86)后,相继颁布了《民用建筑热工设计规范》(GB50176—93)、《民用建筑节能设计标准》(JGJ—95)、《夏热冬冷地区居住建筑节能设计标准》(JGJ—2001)以及《公共建筑节能设计标准》(GB50189—2005)等。同时,于1998年1月1日起实施《中华人民共和国节约能源法》、2009年1月1日起实施《中华人民共和国循环经济促进法》;各级政府、相关部门也相继出台了各类建筑节能法规,如:2006年1月1日起实施《民用建筑节能管理规定》(中华人民共和国建设部令第143号)、2008年10月1日起实施《民用建筑节能条例》(国务院令第530号),尤其是国务院《民用建筑节能条例》颁布后,各地地方政府相继颁布了本地区的民用建筑节能条例。

在政府的大力推动下,我国各类研究人员、专家、学者也积极开展了建筑节能研究工作。关于建筑节能研究大体上可划分为三个研究方向:一是从建筑设计角度研究节能问题,并以此推动建筑节能标准的提高和发展;二是从建筑节能技术和材料角度研究节能问题,通过新技术、新材料的研发,使建筑节能向着实际应用方向发展;三是建筑节能理论研究,从建筑节能概念、研究对象、原则、内容、范畴及国内外比较,建筑节能效率、成本效益等方面进行了广泛的探讨,为我国建筑节能工作的推进和发展奠定了理论基础。建筑节能的开展方式基本上可分为两类,即政府推动型和民间自发型。政府推动型主要是政府通过颁布法令和制定行业标准,同时配以示范项目推动建筑节能在全国范围内开展;民间自发型主要是受到示范项目的启发,真正认识到建筑节能的意义,自觉采取节能措施或进行节能改造。两种类型中,政府推动型占有主导地位,也是节能工作顺利开展的根本保证①。

三、我国饭店节能减排相关规范

1999年,"中国生态旅游年"开幕,保护环境成为中国旅游业的主题。浙江省旅游局、计经委、环保局共同发起在浙江省开展创建"绿色酒店"的活动。全省有100多家饭店提出申请。经过一年多的努力,制定了内部使用的一个简易的评估标准,2000年6月5日,浙江省评出了第一批"绿色酒店"。2002年6月由中国饭店业协会、复旦大学旅游策划中心、上海升达绿色酒店管理公司等单位联合编制的《绿色饭店标准》和《绿色饭店等级评定标准》,共设工程系统、环境控制、日常运营、绿色用品、资源利用、环境安全、制度管理、企业文化等八大部分,包括建筑设计及工程、建筑和装饰用材、光环境、气环境、水环境、声环境、绿化、客房服务、餐饮服务、康乐服务、会议服务、其他服务、绿色用品使用、绿色用品采购、能源节约、水资源节约、用品减量化、废弃物的处理、安全系统、有毒有害物质管理、化学品管理、危险品管理、环保数据库、规章制度、日常管理与持续改进措施、先进设备和技术的采用、教育培训、社会效益等28个分项。标准划分为5个等级,以A级数表示,A级越高,表示饭店的绿色程度越高。但是地方环保部门和各地大型饭店管理人员对该标准体系提出了许多意见,认为该标准的指标散乱,没有形成体系、主观评估因素过多、客观标准少,依据不足,即没有形成标准体系,这套标准至今也没有被普及应用。当地环保部门在评估时只好根据饭店的硬件情况,例如锅炉燃料情况、能耗数量、水消耗数量、隔油池状况和建筑周围的绿化情况等授予绿色饭店称号。

由国家旅游局提出,于2006年3月23日发布了《绿色旅游饭店》标准(LB/T007—2006)。标准将绿色旅游饭店定义为:以可持续发展为理念,坚持清洁生产,倡导绿色消费,保护生态环境的饭店,其核心就是在生产经营过程中加强对环

---

① 张超英,索晨霞,Wei Deng Solvang. 中国农村建筑节能技术应用与效益评价.北京:经济科学出版社,2011.

境的永续保护和资源的合理利用。标准要求饭店在建筑和营运中遵循减量化、再使用、再循环及替代等基本原则;要求饭店将环境管理融入饭店经营管理中,以环境保护为出发点,调整饭店的发展战略、经营理念、管理模式、服务方式,实施清洁生产,提供符合人体安全、健康要求的产品,并引导社会公众的节约和环境意识、改变传统的消费观念、倡导绿色消费。它的实质是为饭店宾客提供符合环保要求的、高质量的产品,同时,在经营过程中节约能源、资源、减少排放,预防环境污染,不断提高产品质量。《绿色旅游饭店》标准的评定细则主要有"绿色设计"、"能源管理"、"环境保护"、"提供绿色产品与服务"、"社会环境经济效益"等五个方面,绿色旅游饭店分金叶级和银叶级两个等级。该标准自颁布、执行以来,对行业的绿色环保和节能减排工作产生了一定影响,特别是开始推行的几年中,通过"绿色旅游饭店"的创建,加强了饭店行业的节能减排和绿色环保意识,并对相关工作产生了积极的推动作用。但《绿色旅游饭店》标准缺乏量化的测评考核标准;评审专家大多是饭店星级评审员,专业化程度不高,实际检查中,对"定性"的测评内容很难准确把握,也不能针对饭店在能源管理中存在的技术缺陷及管理缺陷进行诊断和指导;《绿色旅游饭店》标准的执行缺乏相关的政策引导和扶持。这诸多因素导致企业的积极性不高,该标准在行业中的影响已渐渐淡化。

作为国家旅游局于2010年6月出台的《关于进一步推进旅游行业节能减排工作的指导意见》的附件,"饭店节能减排100条"对饭店行业的节能减排措施提供了具体工作引导。内容涵盖饭店建筑设计、功能布局、设备选型、运营管理、维护保养等方方面面,具有较强的指导性、适应性、操作性。该指南是在充分调研和归纳总结成功企业经验的基础上编制而成,具体内容由减少能源浪费、减少水资源使用、能源计量、节能管理与操作、建筑节能、设备选型与管理等六大部分组成。该指南内容全面,是星级饭店企业实施节能减排工作的具体工作指引。"饭店节能减排100条"具有较强的适应性,对不同发展阶段的星级饭店项目有较强的指导意义。对于规划设计阶段的饭店项目,可以侧重于建筑设计、功能布局等方面的内容;对于已建成运营的饭店项目,可以侧重于运营管理、维护保养等方面的内容;对于更新改造的饭店项目,可以侧重于设备选型、能源计量等方面的内容;"饭店节能减排100条"也具有较强的操作性;由于客观条件的制约,星级饭店企业全部落实100条可能有一定困难,但从中选择符合本饭店实际、力所能及的若干条加以实施,是可以达到较好的节能减排效果的。

由国家旅游局批准,于2011年7月1日起正式实施了《旅游饭店节能减排指引》(LB/018—2011)。该标准是为实现《国务院关于加快发展旅游业的意见》(国发〔2009〕41号)中提出的星级饭店五年内用水用电量降低20%的目标、推动旅游饭店业节能减排工作全面深入开展而制定的。该标准是引导性标准,是旅游饭店开展节能减排工作的操作指南,标准中提出的节能减排管理指标具有现实指导意义。由于有量化指标,标准与《绿色旅游饭店》相辅相成,共同构成了旅游饭店行业节能减排工作的标准和指标体系。标准对饭店的节能减排工作提出十个方面要求:一是要建立节能减排的组织机构;二是要设立节能减排工作分管领导;三是要建立节能减排考核机制;四是要编制节能减排实施计划;五是要求建立健全节能减排管理制度;六是应建立能源计量系统,为所使用的各类能源分别设置系统化的能源计量仪表,对所使用的各种能源进行全面的计量;七是应建立能源的统计和审计制度;八是要提高饭店设备管理水平;九是要注重饭店设备的技术改造;十是对饭店行业节能减排的管理进行指标考核(饭店单位建筑面积年综合能耗和饭店间天标准客房水耗)。

《旅游饭店节能减排指引》(LB/018—2011)刚出台不久,其实际效果还有待观察。但从内容上看,更多是侧重于节能减排的原则性要求,可衡量、可评价性相对较弱。另外,我国幅员辽阔,各地区气候条件不同,同时,由于不同饭店的建筑形式、服务设施构成等方面均存在许多差异,所以很难用统一的"单位建筑面积年综合能耗"值来要求和评价饭店。

第三节 饭店节能减排考核体系研究的现实意义

为更好地实现江苏饭店行业的可持续发展,提高能源利用效益,积极承担环境保护责任,建设生态文明,实现全行业的节约发展、清洁发展、安全发展,在广泛调研的基础上,结合国际国内的先进的能源管理与考核方法,着眼于经济发展与生态环境保护双赢的经济发展形态,编制出一套可运用于实际操作的《江苏省旅游饭店节能减排考核体系》。既可用于行业主管部门的测评考核,同时也可为企业在日常运行管理、更新改造中提供指导和帮助。以促进节能降耗新观念、新方法、新技术的推广应用,提高江苏饭店行业能源管理的整体水平,营造低能耗、低污染、低排放的经营模式。因此,对《考核体系》的研究有着十分重要的现实意义。

一、为科学合理的量化考核提供依据

目前饭店行业的能耗考核仅局限于企业内部,考核指标的制定缺乏科学依据,往往是凭感觉;企业之间的可比性差、无相应标准;长期以来,行业管理部门也缺乏有力的考核数据。因此,从饭店内部考核及行业监管角度出发,建立一套科学的量化考核标准,配合住建部的《国家机关办公建筑和大型公共建筑分项能耗数据采集技术导则》等措施,用于对饭店行业的能源管理考核,是完善管理手段、提高管理者节能意识、提高能源管理水平的有效方法。

二、有助于提升行业能源管理水平

饭店经营需要消耗大量的能源,同时排放大量的污染物,已成为城市的主要污染源之一;同时,随着市场竞争的加剧,饭店企业必须要认真考虑并积极采取措施降低能耗、减少开支,以提高经济效益。然而,就现况来看,实现"十二五"节能减排目标的形势十分严峻。饭店能耗控制的主要困难主要有两方面:一是构成饭店企业能耗偏高的因素众多,从设计建设到经营管理,均会产生重要影响;改进的难度较大。二是实现节能减排目标,要求饭店企业具备非常专业的技术水平和管理水平。因此,对影响饭店企业能耗控制的各类因素进行全面分析,就显得尤为必要,可以为企业在实施和推进节能降耗工作中,提供可资借鉴的方法和具体措施,引领我省饭店业向先进水平看齐,提高行业整体的能源管理水平。

三、为"精确化"设计提供依据

江苏饭店业正处在快速阶段,行业规模迅速扩张,但建设质量普遍不高。主要原因之一是建筑设计规范缺乏行业的针对性与准确性,使得许多饭店在投入运营后,能源消耗偏大。另外,更重要的是许多设计者因不熟悉饭店运行管理而导致设计与营运需求相"脱节";而投资者则因缺乏行业认知和经验,无法提出明确的设计要求和进行准确的设计审核与把关。由于设计过程的不精确、不精细,造成相当一部分饭店运行中能耗过大,而且有些问题改造难度很大,导致饭店长期处于高能耗运行状态。因此,通过企业能源管理数据调查及研究,在现行的《公共建筑节能设计规范》基础上,针对饭店的行业特点,制定一套可行的标准,便于指导饭店建设及改造中的节能设计,使得在饭店建设的初始阶段就能实现有效的控制能耗。

四、为饭店企业节能技术改造提供参考

制约饭店业节能减排水平提升的主要问题之一是部分饭店管理者缺乏相应的专业知识、专业技能,致使饭店不能建立切实可行的节能减排方法,建设中遗留的设计缺陷长期得不到改进。能源消耗长期得不到有效控制与管理,严重影响企业的经济效益。因此,《考核体系》应注重并提倡饭店企业在装修改造中及时运用相对成熟的新技术、新材料,注重节能、环保,努力实现低碳设计、低碳用能、低碳用材。比如在建筑、装修设计和空间布局方面充分考虑自然通风和自然采光措施,造型设计尽可能简约,尽量不破坏和拆除已有的建筑构件和设施,避免重复装修;积极运用节能技术,重视太阳能等可再生能源技术的利用,对洗衣房废水及废热、锅炉余热、制冷机冷凝热负荷等进行热回收,采用热泵系统供热;选材时尽可能就地取材,选用新型墙体材料和环保型装饰材料等。力求在进一步加强管理者节能环保意识的同时,为企业提供相应的技术措施和手段,以促进饭店业节能减排水平的提升。

五、有助于转变行业能源管理模式

旅游业作为国家战略性支柱产业,理应积极承担资源和环境的保护的重要责任。针对江苏旅游饭店与国际国内先进水平的差距,通过科学调研,深化认识,以节能减排为突破口,制定细分化的考核体系,全面应用于旅游饭店行业主管部门对旅游饭店的考核以及旅游饭店的内部考核,既可有效减少全省饭店行业的能源消耗,又有利于提高企业经营者的节能环保法律意识;要求并促进企业以循环经济思想为指导,转变饭店能源管理模式;减少注入生产运行和服务系统的能源及物质消耗,更多地依靠知识资源、先进技术来实施高效节能。在饭店建设、更新改造和经营管理中实现能源的"减量化"、"再利用"和"循环利用"原则,有助于企业探索能源管理新模式,更好地实现可持续发展。

第二章 饭店能耗的测评方法与影响因素

第一节 典型问题分析

根据实际调研,江苏饭店业的能源消耗及能源管理表现出两个特点:一是部分饭店的能源成本过大;二是企业之间能源管理水平和能源成本差距较大,同等条件、同等经营状况下的饭店企业,其能源成本可能相差30%甚至以上。

一、建筑设计缺陷明显

从本质上说饭店建筑设计就是对饭店企业的生产和服务过程进行设计,应达到便于经营、便于管理、便于服务的基本要求,并满足生产过程的经济性需求[①]。饭店在我国及我省仍处在发展阶段,规模扩张很快,但建设品质不高。需要指出的是目前国内设计界的行业分工还不够细化、不够专业,真正具备饭店设计能力、经验丰富的设计公司还不多;另外,我国正处于"大建设"、"大发展"时期,鲜有设计师会花大量时间、精力去体验和研究饭店。设计者对饭店行业的认识和理解还不够准确、不够专业。同时,由于一些投资者没有充分认识到行业的内在规律和特点,对建设过程的复杂性和专业化要求缺乏足够认识,片面地认为饭店建设就是筹资、设计、施工,盲目追求星级、忽视设计方案的科学论证,使得饭店刚建成便存在诸多缺陷,造成企业的运行成本过高。饭店的建筑设计缺陷主要表现在两方面:一是不注重被动式节能技术[②]的运用,比如建筑围护体的保温、昼光照明和自

---

① 阮立新. 我国饭店建设中的若干问题研究. 中国经贸导刊,2012(5).
② 被动式节能技术:以非机械电气设备干预手段实现建筑能耗降低的节能技术,具体指在建筑规划设计中通过对建筑朝向的合理布置、遮阳的设置、建筑围护结构的保温隔热技术、有利于自然通风的建筑设计等实现建筑需要的采暖、空调、通风等能耗的降低。

然通风等的充分利用[①]。二是机电系统的设计及设备选用不够科学合理。以空调系统为例,根据对江苏省30家四、五星级饭店的调研显示:冷水机组容量及冷冻水泵、冷却水泵容量超配[②]现象非常普遍;冷水机组容量超配大于20%、30%、40%的分别有16家、8家和5家,而冷冻水泵、冷却水泵容量超配(备用泵除外)大于20%、30%、40%的分别有23家、18家和10家;其中有3家饭店问题更加严重,其冷冻水和热水共用一组水泵,且无变频控制,使得空调水系统的运行能耗超过正常值70%。设备容量超配不仅是增加建设投资,更重要的是造成运行能耗增加。另外,这30家饭店的机电系统设计,普遍存在运行的调节性、可控性差,不能随气候条件及日常经营状况的变化进行调节,难以保证运行的经济性。

二、能源管理方法不当

节能减排是饭店业走可持续发展道路的必然选择。随着低碳经济的发展、低碳文化的逐渐形成以及饭店业市场竞争的日趋激烈,加强饭店业的能源管理水平,大力推进节能降耗科技产品的应用,最大限度地减少能耗成本,创建节能型饭店,是目前饭店业发展中亟待解决的问题。近年来,饭店行业的节能意识虽有所加强,但能源管理水平的提升并不十分明显,企业间的差距还很大;以节能环保为核心内容的《绿色旅游饭店》标准已经出台多年,但推行的效果不佳;其中一个重要原因是许多饭店并未能结合企业实际制定出有针对性的、科学的能源管理方案,使得节能工作往往只是一种形式。比如许多饭店仅仅将低碳、节能减排停留在宣传上,未能针对其实际问题,在"能源管理组织"、"节能减排培训与宣传"、"节能减排制度建设"、"能源管理的监督与考核"等几个方面制定出本饭店的具体措施。大多数饭店没有各主要区域的能源计量系统,使得能源管理难以准确和量化。有的饭店能源管理的执行力不够,节能降耗未能成为饭店的整体行为。还有许多饭店自身的能源管理水平不高,又没有采取合同能源管理或聘请有经验的节

---

① 清华大学建筑节能研究中心.中国建筑节能年度发展研究报告2010.北京:中国建筑工业出版社,2010.
② 容量超配:指设备的配置容量大于实际最高运行负荷需求,即设备配置容量过大。

能顾问等方式,帮助企业制定准确的能源管理措施、技术措施及考核方法,定期进行能耗分析与跟踪管理,致使饭店的技术缺陷及能源管理问题长期存在。总之,能源管理的专业化程度低、执行力不强是目前饭店业节能减排工作的主要障碍。

三、技术改造措施不力

由于许多饭店的机电系统普遍存在着设计与实际营运情况不相符的现象,因此,及时的技术改造是节能降耗的重要手段。虽然大型机电设备如变压器、冷水机组等一旦投入使用,其选型、容量等方面问题通常较难解决,但其附属设备的匹配性和系统运行的可控性不仅对整体能耗影响较大,也是可以进行合理化改造的。根据对江苏省八家五星级饭店的调研,在中央空调系统中,制冷主机能耗平均占到约55%,其他辅助设备能耗占45%,可见其运行的经济性对能耗的影响很大。空调系统常见的主要缺陷为系统设计未能按饭店各经营功能的营业特点进行划分、水泵容量设计偏大、系统运行的调节性差等,致使在大多数气候条件及饭店出租率情况下,系统的运行效率偏低、能耗过大。因此,饭店需要对包括空调系统在内的各机电系统进行准确的"把脉"和"诊断",通过整改,保证系统运行的合理性。比如当空调水系统供回水的运行压力差偏大、温差偏小时,应加装变频调速装置;大堂、多功能厅等区域空调机组通常应加装变风量装置,以适应气候条件及经营状况的变化;再如高星级饭店中,公共区域照明负荷均趋向大功率化,因此,必须在其回路设置方面进行合理化整改,做到可按经营要求采取合理的照明开启方式。

四、设备运行管理科学性不强

饭店各机电系统运行的节能性并非完全取决于采用了多少先进的技术和节能设备,关键因素还在于系统的设计形式、运行方式、运行标准以及能否对经营中随时变化的运行工况进行调节。比如空调系统中,水系统的设计参数通常为夏季冷冻水7℃供12℃回,冬季热水60℃供50℃回,但如果不顾运行工况,机械地按此标准运行,显然是会造成能源浪费的。因为饭店的空调负荷需求是在不断变化的。因此,运行操作中必须要根据季节、室外温度、经营状况等对冷水机组(夏季)或热交换器(冬季)的出水温度随时进行调整,以实现既能满足饭店经营要求又能最大限度地节能降耗目的。根据相关的模拟试验,夏季冷冻水的出水温度提高1℃,则冷水机组的COP[①]提高3%~3.5%。实践表明:合理控制好冷水机组的出水温度可以节约机组耗能8%左右。另外,许多饭店运行中没有充分利用冷水机组关机后冷冻水剩余冷量。在春秋两季,气温变化较大,饭店往往是在午、晚餐期间需要提供冷空调,其他时间则不需提供或只开启新风机组即可。因此,实际操作中就应随时掌握外界气温变化,一般在正常用餐结束前半小时至1小时,关停冷水机组,而水泵正常运行,即充分利用冷冻水的剩余冷量,可降低空调系统能耗,提高运行效率。

五、节能、低碳服务体系不健全

饭店的节能、低碳服务可分为规范性节能、低碳服务和引导性节能、低碳服务。这两种服务相互作用、相互渗透,共同构建饭店的节能、低碳服务体系。许多饭店由于节能意识不强、培训及管理不到位等因素,未能建立和健全节能、低碳服务体系。规范性节能、低碳服务是指通过分析和掌握饭店设施设备运行、服务流程等环节中影响能耗、直接或间接产生二氧化碳排放的规律,并以此为依据来形成饭店规范性的节能、低碳服务方式和制度。以某餐厅的空调使用方式为例,夏季在用餐结束后关停空调,夜间无任何热源影响,可次日早上却会发现餐厅内闷热,温度明显高于户外气温,这是因为潜热释放的原因。所谓潜热是指通过辐射的形式被墙体、家具等吸收、储存并缓慢释放的热量。这些潜热如不加以处理,则需依靠次日的空调能耗来抵消。因此,对于一些夜间非经营区域,夏季早晨应通过自然通风或机械通风的方式消除潜热,而在冬季则可以通过夜间关合窗帘的方

---

① COP:是英文 Coefficient Of Performance 的缩写,即性能系统,指制冷机在某一工况下的制冷量与压缩机输入功率之比。COP 值越大,说明效率越高。

法减少对外的热辐射损失。通过认识这一规律,饭店应制定相关部门空调使用操作的程序和规范。以此类推,在洗衣设备使用中,尽量保证80%～95%的衣物装载量,实现单位产量的低消耗、低排放;再如,餐厅的空调、照明在餐前准备时只可部分开启;清扫客房时尽可能少开启灯具,空房保持空调关闭;夜间24:00以后关闭客房走廊的部分灯具等。这些都应逐一写进饭店服务程序中形成制度。引导性节能、低碳服务是指在服务中通过适当的方式对客人的生活理念、消费方式、习惯嗜好等进行引导,以达到共同构建低碳饭店、实现节能减排的目的。饭店需要对服务项目和服务过程进行研究,逐步引导客人减少和放弃以高消耗为代价的"便利消费"、"面子消费"。

第二节 饭店能耗数据调研与评价方法

一、企业调研

调研和数据采集的饭店共有246家;其中五星级62家,四星级95家,三星级及以下89家(主要为三星级饭店及经济型饭店)。以上饭店企业中,城市饭店与度假饭店的比例为7:3,其中既有国际品牌饭店,也有国内品牌饭店,既有国有企业,也有民营企业、合资企业。调研和数据收集形式为:通过培训班(受国家旅游局委托,南京旅游职业学院举办的全国旅游饭店管理人员岗位培训)发放调查表、直接向目标饭店发放调查表(见附表:调研表格及说明)、现场直接调研走访;走访、交流的对象均为饭店的工程管理负责人及饭店高管。由于江苏省纬度跨度大,南北有明显的气温差别,因此在企业调研中选取了有代表性的城市:苏州、常州、南京、泰州、盐城、淮安、连云港,并从中精选了23家有代表性的饭店进行重点调研。

这里需要重点指出的是:根据调研、分析的结果,饭店企业之间,甚至同一地区的同类饭店中也会出现较大的能耗差异。其中的因素很多,并非完全取决于节能技术、节能设备运用的多寡,主要原因是由于饭店所提供的室内环境标准(如空调参数)及其提供方式不同、建筑及机电系统的设计优劣和能源管理水平的差异。

以下分别针对不同类型、不同星级标准、使用不同设备及能源种类的饭店,根据调研结果,从"饭店能耗测评参数的确定"和"不同类型、条件下的饭店能耗分析"两方面,进行详细的数据分析和研究,从中得出考核指标的制定方法,并分析和归纳建筑类型不同、设施设备条件不同等因素对能耗指标的客观影响。

二、饭店能耗评价方式

(一)饭店建筑节能的常见评价方法

1. 节能技术的运用

一般来说,人们通常以饭店是否采用了新的节能技术、节能设备为依据来判断节能工作的优劣,例如:采用了怎样的外墙保温方式,哪种玻璃窗产品,是否采用了水源热泵、安装了多少太阳能利用装置,是否采用了楼宇自控系统等。似乎采用的设备和技术越先进,节能效果就越大。然而,许多案例却表明,大量装备了这些建筑节能先进技术的饭店,在实际的运行中,其常规商品能源的消耗量并不一定显著低于其他同类型的饭店建筑。甚至在一些实际案例中,这些汇集着众多先进的节能设备的饭店,实际运行能耗反而高于同类型的一般饭店建筑。其主要原因一是部分饭店的设计过于保守、设备容量设计过大,运行参数不合理;二是这些先进技术未能按照饭店的实际运营要求进行合理设计;三是许多饭店完全依赖先进技术而忽视企业运行中的能源管理。实际上,饭店的运行能耗,在很大程度上取决于营造室内环境的基本理念和其运行调节方式的不同。尽可能利用自然条件来营造室内冷热、空气质量和采光环境,所有机械方式的运行应在有效的控制下进行,可以实现用很低的运行能耗获得舒适的室内环境。相反,完全依靠机械手段来营造室内冷热等环境质量,特别是在经营状况、运行条件变化时不能实现有效调控,能耗将明显增加。所以不能简单地把饭店建筑节能简单理解为采用了多少节能技术与设备[①]。

---

① 清华大学建筑节能研究中心.中国建筑节能年度发展研究报告 2010.北京:中国建筑工业出版社,2010.

2. 可再生能源的使用

可再生能源的使用也是目前流行的考核节能建筑的指标之一,然而,建筑中可再生能源最有效、最经济的利用,是直接利用各类自然条件来满足室内环境需求。例如直接利用自然采光,减少人工照明的运行时间,过渡季节利用自然通风,尽量缩短空调系统的运行时间等。这些是最佳的利用能源方式,由于没有把可再生能源先转化为电、热等常规形式的能源,因此无法量化其实际应用,从而得不到应有的评价和鼓励。同时,可再生能源占建筑总能耗的比例大小,也并不能表明常规能源消耗的多少,因此,单纯地追求可再生能源的利用,就容易忽视对被动式节能技术的直接利用,也不能真正反映出饭店建筑节能设计水平与能耗控制和管理水平。

3. 饭店能耗营收比分析

在饭店企业运行管理中,较普遍地采用能耗费用占营收比例这一参数进行内部考核;大量的企业调研数据表明,这一参数随地域及饭店特点的不同而有所不同。数据分布范围为 4.6% ~ 15.2%,其中基本特征是饭店房价越高,能耗营收比越低,不同档次和地区的饭店并无明显的可比性。饭店能耗营收比分析见表 2-1、图 2-1。

表 2-1 能耗营收比分析

序号	能耗营收比(%)	数量(家)	饭店特征
1	4.6~6	2	度假区饭店、集中建筑、平均房价高于 600 元,节能措施较好
2	6.1~8	29	苏南地区集中建筑饭店、经济型饭店
3	8.1~9	76	2005 年后建造饭店、大部分经济型饭店
5	9.1~12	107	大部分综合类饭店
6	12.1~13.7	22	平均房价较低、设备较老化,苏北分布数量高于苏南
7	13.8~15.2	16	平均房价较低、设备较老化、建筑分散、能源价格高
8	>15.2	4	系统设计不合理、能源价格高、接待型饭店(不考核利润)

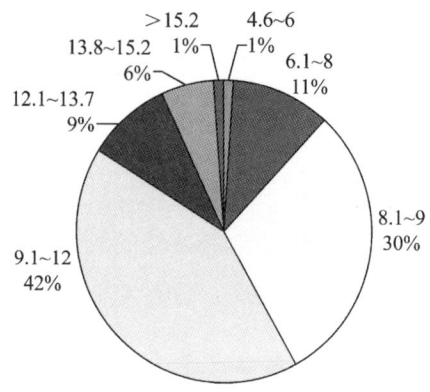

图2-1 能耗营收比分析图

从表2-1和图2-1来看,饭店能耗大部分集中在8%～12%之间。但调研中发现,即使同类型、能耗基数相近的饭店其能耗营收比相差也会较大,其原因是由于地区不同、经营状况及营收基数不同、饭店使用的能源种类不同、各地能源单价不同等因素,势必造成能耗营收比的差异,由于这些因素均是客观原因,所以该项指标不能作为行业节能评价的主要依据。

(二)饭店能耗测评参数的确定

评价一个饭店的能源管理水平,需要建立在是否用最少的能源消耗满足了饭店的经营需要、客人的健康舒适需要。因此,最直接、最合理的测评标准就是实际的能耗数据。例如饭店单位面积能耗量、人均能耗量等。近年来,不少专家和学者对饭店节能减排进行了研究。李晓从改进饭店设计、更新技术设备、加强内部管理以及碳补偿等方面对饭店节能进行了研究[1];张乐对饭店的能耗指标进行了分析,并为制定一个能全方位反映饭店能耗真实状态的评价指标体系提出了一些建议[2];王伯启通过对杭州市星级饭店进行问卷调查和访谈调研,提出值得推广的一些改进建议[3]。宫喜龙以空调系统为研究对象,进行了能耗分析,探讨了饭店节

---

[1] 李晓.江苏星级酒店低碳节能措施研究.江苏商论,2011(10).
[2] 张乐.酒店能耗控制指标研究.能源研究与信息,2006(1).
[3] 王伯启.杭州市高星级酒店节能降耗调查研究.郑州航空工业管理学院学报,2011(4).

能的途径①。这些饭店节能的研究主要集中在饭店节能技术、节能政策等方面,强调节能效果及意义,缺乏对饭店能耗数据考核、定量评价方法的分析与深入探讨,也没有完全建立合理的评价指标体系。目前饭店常用的能耗评价指标主要有:年总能源费/建筑面积、年总能源费/年总营业额、年总能耗/建筑面积。高兴在专著《绿色酒店经济发展与运行管理模式》中提出,这三个指标的应用是有条件的,不可随意作为各饭店能耗横向比较指标②,并提出"单位使用房间饭店日均能耗量"的概念,但该专著也没能完全解决饭店能耗评价指标问题。

综上,目前国内很少有专门对饭店能耗评价进行定量分析和计算的研究成果。本次研究利用主成分分析法,对饭店能耗评价进行数学建模,得到一种基于主成分分析法的评价饭店能耗的方法。

1. 原始样本与研究方法

表 2-2 为江苏 8 家典型星级饭店在 2010 年全年能源消耗情况,根据表 2-2,可以计算出"年总能耗/建筑面积"、"年总能源费/年总营业额"、"年总能源费/建筑面积"三个常用指标。如表 2-3 所示。

表 2-2　江苏 8 家饭店 2010 年能耗数据

编号	用电量（万度）	天然气（万立方）	蒸汽（万立方）	用水量（万吨）	建筑面积（平方米）	总能耗（万吨标准煤）	总营业额（万元）	总能耗费用（万元）
H01	209.2	39.34	-	11.17	28 000	74.43	6071.18	323.56
H02	752.12	78.7	-	9.3	58 300	188.8	11 651.32	905.05
H03	454.13	119.33	-	24.8	55 000	202.84	10 021.66	793.61
H04	179.69	74.21	-	10.9	30 000	112.28	5595.17	388.52
H05	491.15	108.89	-	29.14	50 000	195.08	11 078.59	812.01
H06	427.47	82.72	-	13.49	36 000	154.14	7700.15	639.3
H07	552.09	102.51	-	14.96	45 000	193.61	7397.45	806.87
H08	318.57	-	0.99	7.7	30 000	131.65	5601.21	504.44

---

① 宫喜龙. 酒店能耗分析与节能措施. 煤气与热力,2008(5).
② 高兴. 绿色酒店经济发展与运行管理模式. 北京:中国建筑工业出版社,2009.

表2-3 江苏8家饭店2010年能耗3项指标数据

编号	总能耗/建筑面积	总能源费/总营业额	总能源费/建筑面积
H01	26.58	0.0533	115.56
H02	32.38	0.0777	155.24
H03	36.88	0.0792	144.29
H04	37.43	0.0694	129.51
H05	39.02	0.0733	162.40
H06	42.82	0.0830	177.58
H07	43.02	0.1091	179.30
H08	43.88	0.0901	168.15

本次研究,应用主成分分析法进行建模,并根据数学模型,使用R语言在计算机上实现了该模型,可以自动对数据进行处理,并得到最终结果。R语言是一种用于统计分析的软件,与传统的SPSS等统计软件相比,R语言的使用完全免费,并且功能更加强大。

在本次研究过程中,充分利用先进的计算机技术,对原始样本数据进行准确、快速的运算,得到所需结果,大大缩短了研究时间,这是本次研究的特点之一。

2. 主成分分析法及建模步骤

(1)主成分分析法

在统计分析中,主成分分析(Principal Components Analysis,PCA)是一种分析、简化数据集的技术,实质是采取一种数学降维的方法,找出几个综合变量来代替原来众多的变量,使这些综合变量可以尽可能地代表原变量的信息量,且彼此之间互不相关。主成分分析法认为在众多有相关性的因子之间必然存在着起支配作用的共同因子,并将原始数据众多的、具有一定相关性的指标,重新组合为一组新的相互无关的、且保留了原始数据主要信息的综合指标,来代替原来指标。新的综合指标比原始指标具有一些更优越的性质,使得在统计和分析各种复杂问题时容易抓住研究对象的主要特征。

(2)建模及计算步骤

①原始样本数据标准化操作

标准化就是要把需要处理的数据经过某种算法处理后,限制在一定范围内。

设原始矩阵为:

$$X = \begin{bmatrix} x_{11} & x_{12} & \cdots & x_{1p} \\ x_{21} & x_{22} & \cdots & x_{2p} \\ \vdots & \vdots & \vdots & \vdots \\ x_{n1} & x_{n2} & \cdots & x_{np} \end{bmatrix}$$

计算公式为:

$$x_{ij}^* = \frac{x_{ij} - \bar{x}_j}{\sqrt{\mathrm{var}(x_j)}} \ (i=1,2,\cdots,n; j=1,2,\cdots,p)$$

其中

$$\bar{x}_j = \frac{1}{n}\sum_{i=1}^{n} x_{ij}$$

$$\mathrm{var}(x_j) = \frac{1}{n-1}\sum_{i=1}^{n}(x_{ij}-\bar{x}_j)^2 \ (j=1,2,\cdots,p)$$

利用R语言对表2-3进行标准化计算,得出表2-4。

表2-4 江苏8家饭店2010年能耗3项指标标准化后数据

编号	总能耗/建筑面积	总能源费/总营业额	总能源费/建筑面积
H01	-1.891 787 78	-1.520 794 97	-1.518 516 5
H02	-0.879 915 98	-0.062 027 51	0.100 472 8
H03	-0.166 049 68	0.027 650 82	-0.346 299 7
H04	-0.012 837 81	-0.869 132 46	-1.349 599 8
H05	0.175 730 65	-0.325 083 94	0.392 609 0
H06	0.845 822 13	0.254 835 91	1.011 970 3
H07	0.886 229 65	1.815 238 81	1.082 148 3
H08	1.042 808 82	0.679 313 33	0.627 215 5

②求标准化后数据的相关矩阵

经标准化处理后,数据的相关矩阵为:$R = (r_{ij})_{p \times p} = X'X$

经过运算,可得表2-5。

表2-5 相关矩阵

	总能耗/建筑面积	总能源费/总营业额	总能源费/建筑面积
总能耗/建筑面积	1.000 000 0	0.797 809 5	0.832 174
总能源费/总营业额	0.797 809 5	1.000 000 0	0.846 175 5
总能源费/建筑面积	0.832 174 4	0.846 175 5	1.000 000 0

③ 求相关矩阵的特征值和特征向量

通常用雅可比法(Jacobi)求出相关矩阵 R 的特征值 $\lambda_i (i = 1, 2, \cdots, p)$,并使其按大小顺序排列,即 $\lambda_1 \geq \lambda_2 \geq \cdots \geq \lambda_p \geq 0$;然后分别求出对应特征值 λ_i 的特征向量。运算结果如表2-6、表2-7所示。

④ 根据特征值计算主成分贡献率与累积贡献率

贡献率为

$$\frac{\lambda_i}{\sum_{k=1}^{p} \lambda_i}$$

累计贡献率为

$$\frac{\sum_{k=1}^{i} \lambda_k}{\sum_{k=1}^{p} \lambda_k} \quad (i = 1, 2, \cdots, p)$$

求得各主成分的贡献率、累积贡献率,如表2-6所示。

表2-6 主成分的特征值、贡献率和累积贡献率

	特征值	贡献率	累积贡献率
第1主成分	2.65	88.36%	88.36%
第2主成分	0.20	6.78%	95.14%
第3主成分	0.15	4.86%	100%

表 2-7 主成分的特征向量

	第 1 主成分	第 2 主成分	第 3 主成分
总能耗/建筑面积	0.572	0.760	-0.309
总能源费/总营业额	0.576	-0.640	-0.508
总能源费/建筑面积	0.584	-0.113	0.804

⑤确定主成分

主成分分析可以得到 p 个主成分,令 $C_1,C_2,\cdots,C_p$ 为 p 个主成分,由于各个主成分的方差是递减的,包含的信息量也是递减的,实际分析时,一般不是选取 p 个主成分,而是根据各个主成分累计贡献率的大小选取前 k 个主成分,一般取累积贡献率达 85%~95% 的特征值 $\lambda_1,\lambda_2,\cdots,\lambda_m$ 所对应的第 1,第 2,⋯,第 $k(k\leqslant p)$ 个主成分。从表 2-6 中可以看到,第 1 个主成分的累积贡献率已经达到 88.36%,所以,可以直接选用第 1 主成分作为主成分。

⑥计算主成分得分

以各主成分对原指标的相关系数为权,将各主成分表示为原指标的线性组合,即可得主成分得分。利用 R 语言计算得出 8 家饭店主成分得分,并按升序排列,得表 2-8。

表 2-8 各饭店能耗的主成分得分及排名

	第 1 主成分	排名
H01	-3.195 568 7	1
H02	-0.583 645 0	3
H03	-0.362 680 2	4
H04	-1.083 478 9	2
H05	0.128 728 3	5
H06	1.304 719 4	6
H07	2.365 819 8	8
H08	1.426 105 3	7

表 2-8 中的综合得分的正负,反映了饭店能耗与平均水平的相对位置,以零为平均水平,得分为正,表示处于平均水平之上,得分为负,则说明处于平均水平之下。由于指标是负向指标,所以得分越少,表示该饭店能耗水平越低。

3. 简化主成分分析法,以"总能耗/建筑面积"为评价指标

主成分分析法虽然较为科学,但计算过程比较复杂,每年度的数据均需要用专门的计算机程序进行分析计算,实际运用有一定的局限性。因此,需要通过主成分分析法推导出一种便于实际操作的指标。

从表 2-7 中可以看出,在第 1 主成分中,三项指标的特征向量相差不大,在第 2 主成分中,"总能耗/建筑面积"为正值,其余两项为负值,且绝对值相差较大,这说明:在前两个主成分中,"总能耗/建筑面积"占主导作用,所以在前两个主成分中,"总能耗/建筑面积"对能耗的影响起主要作用,而前两个主成分的累积贡献率为 95.14%,故可以近似地直接以"总能耗/建筑面积(单位面积综合能耗)"为评价指标,便于实际评价工作的开展。

由于企业所用能源种类的多样性,如电力、燃气燃油,热网提供的热量甚至集中供冷的冷量等,就不能简单地将总能耗累加后比较,而应该统一折合成一种等效能源后再进行比较。较合理的方式是采用"等效标准煤"方法,即把所有消耗的各类能源都折合为等效标煤,再进行比较。表 2-9 给出了各类能源转换为标准煤时的转换系数。

表 2-9 常用能源折标参考系数

序号	能源名称	单位	折标系数(kg 标煤)
1	原煤	kg	0.7143
2	洗精煤	kg	0.9
3	水煤浆	kg	0.7143
4	煤油	kg	1.4714
5	柴油	kg	1.4571
6	液化石油气	kg	1.7143
7	电	kW·h	0.1229

续表

序号	能源名称	单位	折标系数(kg 标煤)
8	天然气	立方米	1.2143
9	新鲜水	吨	0.0857
10	软化水	吨	0.4857
11	市政蒸汽(0.7MPa)	吨	92.857

注:本折标系数参照住建部《国家机关办公建筑和大型公共建筑分项能耗数据采集技术导则》;新鲜水、软化水参照《综合能耗计算通则》(GB/T 2589—2008),其中"市政蒸汽"的折标系数是征询部分热力公司意见后所取的平均值。

三、不同类型、条件下的饭店能耗分析

(一)单位面积综合能耗分析

由于能耗营收比这一指标对于饭店能耗评价存在很大的局限性,所以根据实际调研数据分析和研究后,认为应采用单位面积综合能耗这一指标进行测评。根据住建部发布的能耗折标系数(表2-9),将饭店所消耗的各种能源折合成标准煤耗量作进一步测算,形成统一的单位面积综合能耗量,这一指标与能源价格、饭店营业收入等关系不大,因而有较强的可比性;但在不同类型、不同条件下(如饭店的服务标准、建筑类型、结构保温情况、能源设备效率、运行管理等),这一参数必然表现出差异,因此,需要通过实际调研和数据分析对各种影响因素进行分类、统计与分析。

1. 天然气用户单位面积综合能耗值分析

调研对象中,较大一部分饭店使用电驱动冷水机组和天然气锅炉;部分典型饭店的平均单位面积综合能耗量($kgce/m^2 \cdot y$)如表2-10所示。

表2-10 天然气锅炉、电驱动中央空调典型用户单位面积综合能耗值分析

单位名称	A1	B1	C1	D1	E1	F1	G1
平均能耗量($kgce/m^2 \cdot y$)	25.86	26.58	32.38	36.88	37.43	39.02	41.85
单位名称	H1	I1	J1	K1	L1	M1	N1
平均能耗量($kgce/m^2 \cdot y$)	42.76	42.82	43.02	49.42	49.12	51.45	52.34

该用户群均值:40.78$kgce/m^2 \cdot y$

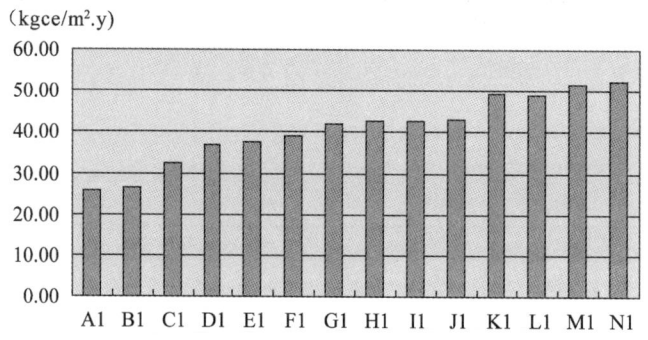

图 2-2 典型天然气用户单位面积综合能耗值

从表 2-10 可看出,该组饭店单位面积综合能耗值主要分布在 36.88kgce/m². y ~ 43.02kgce/m². y 之间。表中饭店 N1 能耗值达到 52.34kgce/m². y,主要原因为该饭店为电力公司下属的接待型饭店,以完成公司接待任务为主,不考核电耗指标;饭店 K1 的中央空调选用的是溴化锂吸收式冷水机组,比平均值高出了 8kgce/m². y 以上;饭店 D1、饭店 F1 与饭店 L1 为服务标准相近的度假区饭店,无论在设备的运转情况还是饭店能源管理的意识方面,都处在同一水平上,唯一区别较大之处是饭店的建筑形式;饭店 D1、饭店 F1 为集中式建筑(含有部分相连的裙楼),且饭店 D1 在外墙保温和窗墙比上更有优势;而饭店 L1 为园林式饭店,两种类型饭店的单位面积综合能耗值相差 8kgce/m². y 以上。因此可以看出建筑形式对于单位面积综合能耗值的影响还是比较明显的。饭店 A1、饭店 B1 能耗值在 30kgce/m². y 以下,这两家饭店虽然也是采用常规能源,但由于在设计过程中较多考虑了节能因素,安装了热能回收设备,设备选用及能耗管理均较理想,故其单位面积的综合能耗值较低。可见设备系统的设计对饭店运行能耗将产生重大影响。

2. 市政蒸汽用户单位面积综合能耗值分析

该用户群是指饭店不设置锅炉,直接使用城市集中供热。

表2-11 蒸汽典型用户单位面积综合能耗值分析

单位名称	A2	B2	C2	D2	E2	F2	G2
平均能耗量（kgce/m².y）	30.12	31.40	37.37	37.38	37.87	38.30	39.20
单位名称	H2	I2	J2	K2	L2	M2	N2
平均能耗量（kgce/m².y）	40.31	40.56	41.10	43.49	47.16	48.80	50.14

该用户群均值:40.23kgce/m².y

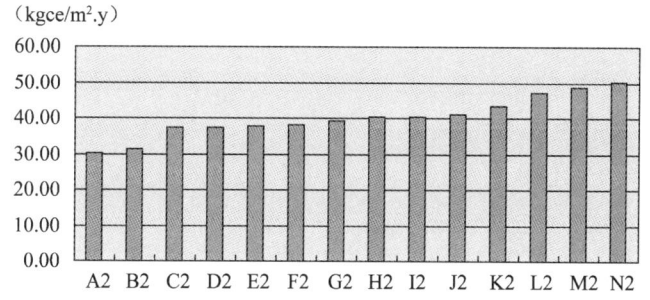

图2-3 典型蒸汽用户单位面积综合能耗值

表2-11和图2-3显示了蒸汽典型用户的单位面积综合能耗,因为饭店直接获得高品质的蒸汽,故其单位面积综合能耗值应该低于自有锅炉设备的用户,如饭店A2~饭店G2用户,单位面积综合能耗均相对较低。但饭店L2、饭店M2、饭店N2用户能耗值均高于47kgce/m².y,原因为这三家饭店均采用蒸汽吸收式中央空调供冷,此类设备的效率仅为1~1.1,而电驱动中央空调的COP在4~5.6之间,故其能耗明显偏高。通过对统计数据的分析表明:在市政蒸汽单价超过200元/吨的地区,选用吸收式冷水机组对饭店的运行能耗控制是不利的;该因素可作设备选型时的重要参考。

3.燃煤用户单位面积综合能耗值分析

表2-12、图2-4所示是煤炭典型用户的单位面积综合能耗分析,对比天然气、蒸汽用户,煤炭用户单位面积综合能耗量明显偏高。其中饭店M3、饭店N3的单位面积综合能耗值甚至突破了70kgce/m².y,这与其经过效率较低的煤锅炉后,

再采用蒸汽吸收式中央空调供冷方式有较大关系,且饭店 N3 的溴化锂空调已经使用 12 年,主机运行效率存在较严重的衰减。而饭店 A3~饭店 F3,虽然煤锅炉热效率也不高,但由于选用了空气能热泵等节能设备,饭店总体能耗得到了一定的改善。根据对煤锅炉用户的调查,锅炉结垢的状况导致效率降低从而影响能耗的现象较为普遍。

表 2-12 煤炭典型用户单位面积综合能耗值分析

单位名称	A3	B3	C3	D3	E3	F3	G3
平均能耗量（kgce/m².y）	40.67	42.73	43.86	44.17	44.25	44.30	48.32
单位名称	H3	I3	J3	K3	L3	M3	N3
平均能耗量（kgce/m².y）	58.87	61.56	62.16	67.68	68.42	70.37	71.64

该用户群均值:54.93kgce/m².y

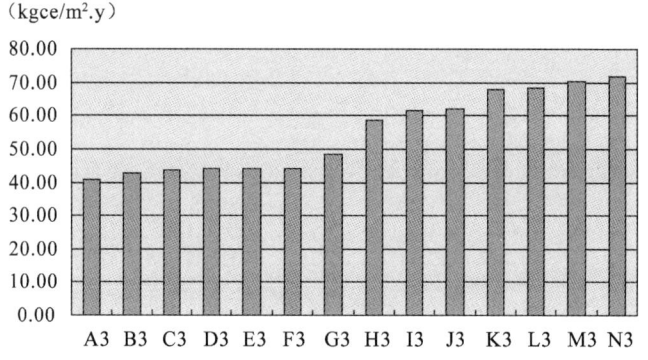

图 2-4 典型燃煤用户单位面积综合能耗值

4. 典型经济型饭店单位面积综合能耗值分析

表 2-13 和图 2-5 显示了经济型饭店的能耗情况。经济型饭店多数采用分体式空调,对比其他各类型饭店,经济型饭店的单位面积综合能耗值较低,整体均值在 16kgce/m².y 左右,这一数据证明了单位面积综合能耗值与饭店的接待模式及服务标准有着较大的关系。而饭店 A4~饭店 F4 这 6 家饭店单位面积综合能耗

值更低,其中饭店 A4、饭店 B4、饭店 C4 的空调形式为分体式空调制冷制热,饭店 D4、饭店 E4、饭店 F4 为 VRV 空调方式。以上饭店冬季采暖均采用电驱动热泵方式,仅饭店 M4、饭店 N4 在气温较低时采用锅炉进行热源补充。因热泵类设备供暖运行时的实际 COP 均在 2 以上,而常规采暖设备效率均不超过 1,故其对单位面积综合能耗值产生了明显影响;该特点可作为经济型饭店、空调标准要求不高的饭店,在建设、改造中较有价值的参考;即热泵类设备对于节约运行能耗有着明显优势。

表 2-13 典型经济型饭店单位面积综合能耗值分析

单位名称	A4	B4	C4	D4	E4	F4	G4
平均能耗量 (kgce/m². y)	11.20	11.90	12.33	13.65	13.87	14.57	18.77
单位名称	H4	I4	J4	K4	L4	M4	N4
平均能耗量 (kgce/m². y)	18.80	18.93	19.03	19.15	19.37	20.13	22.13

该用户群均值:16.7kgce/m². y

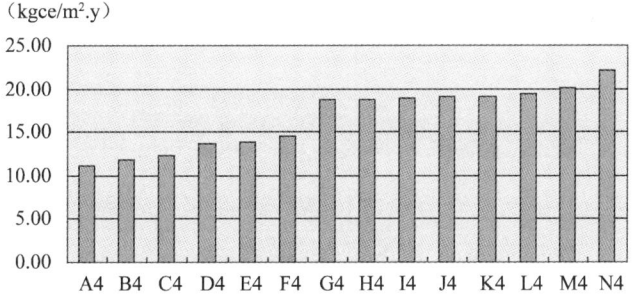

图 2-5 典型经济型酒店单位面积综合能耗值

(二)其他因素对单位面积综合能耗量的影响

1. 洗衣房

由于大部分饭店未对洗衣房安装独立的能源计量,一部分饭店仅对用电等单项能耗进行计量,因此,数据的采集量较小,仅采集 3 家独立计量的洗衣房能耗数据。

表 2-14 饭店洗衣房能耗统计

饭店名称	A5	B5	C5
建筑面积(m^2)	25 000	28 000	18 000
洗衣房蒸汽耗(吨)	1080	1168	952
洗衣房电耗(度)	24 521	21 800	31 200
洗衣房水耗(吨)	1920	1421	2100
洗衣房总能耗(kgce)	103 463.735	111 257.98	92 414.31
饭店总能耗(kgce)	1 122 300	1 059 000	650 000
占比	9.22%	10.51%	14.22%

表中的饭店 C5 由于外接洗衣业务,洗衣房运行时间较长,为两班制运行,饭店 A5、饭店 B5 仅满足本饭店洗衣要求。

2. 泳池能耗量

因被调研的饭店中,泳池均未安装独立能耗计量设备,故未取得对比数据。参考 2008 年浙江省对旅游饭店的相关调研,温水泳池能耗约占饭店总能耗的 2%。

3. 饭店建筑类型

庭院式建筑、园林式建筑由于其建筑围护体散热面积较大,冷冻水、热水、蒸汽等管道散热偏大等因素,能耗相对较高。根据对 8 家建筑形式不同而建筑规模、运行标准等相近的饭店能耗数据分析:城市庭院式饭店能耗高出 18%;园林式度假村的能耗高出 14%;集中式建筑的度假饭店要比城市饭店能耗略低(原因是度假村的部分区域通常是随客情的变化而进行间歇性经营,能耗相对偏小)。而高层建筑能耗相对偏高,原因是高层建筑空调水系统、冷热水系统的提升高度较高,系统分区时也会产生一定的能耗损失;根据调研数据统计分析:建筑高度每增加 30 米,能耗约高出 5%。

(三)小结

通过对各类饭店建筑能源消耗的调研和数据统计分析发现,除了饭店的服务标准、能源管理水平之外,对饭店能耗产生重要影响的主要因素有:饭店建筑类型、所使用的设备类型、能源种类和饭店的服务设施构成等。其差异归纳如下:

(1)统计对象中,天然气和电驱动中央空调用户平均能耗值为 40.78 kgce/m². y,其中最低为 25.86kgce/m². y,最高为 52.34kgce/m². y,度假型、集中式建筑的饭店能耗量略低于同档次市区饭店,原因为度假饭店经营的时间节奏性强,能源的使用有较强的规律性,易通过管理进行控制。而较为分散的园林式度假饭店能耗量高于平均值 14.4%。溴化锂空调用户的平均综合能耗量为 49kgce/m². y,高出同类饭店平均值 20.15%。

(2)市政蒸汽用户的平均能耗量为 40.23kgce/m². y,接近于天然气用户的能耗量。从设备原理上讲,直接使用蒸汽的用户,减少了一次热交换,其单位面积综合能耗值理应低于天然气用户;但在调研过程中发现,大部分用户的蒸汽计量设备为固定口径,存在着低流量时计量不准的可能性,而且有些用户与热力公司结算时有最低和最高流量的计算方法约定(如当流量低于某下限值时,不是按实际流量结算,而是按下限值结算),这些用户的单位面积综合能耗量会高于同类饭店 20% 左右;其中使用溴化锂冷水机组的用户高于同类饭店约 22%。

(3)煤锅炉用户由于其一次转换效率低,平均能耗量为 54.93kgce/m². y,比同规模天然气用户和蒸汽用户的均值高出 35.6% 左右;其中溴化锂吸收式冷水机组用户均值为 71.2kgce/m². y,比煤锅炉用户均值高出 29.6%;这是由于使用蒸汽溴化锂吸收式冷水机组,延长了低效的煤锅炉的使用时间,造成能耗量增加。

(4)经济型饭店平均能耗量仅 16.7kgce/m². y,其主要原因是服务标准低,且采用热泵分体空调或 VRV 空调,基本不提供新风,无洗衣房以及很少的附属功能等。故其能耗量远低于高星级饭店,基于以上原因,应将其作为独立的一类饭店予以评价考核。

(5)南北地区气候差异对饭店能耗量的影响不明显,这与目前江苏省星级饭店的空调使用期较长等因素有关,一般苏北地区较苏南地区饭店的采暖期长10~20天,但同时其供冷期也相应较短。因此,地区差别不明显。

(6)洗衣房属饭店的高能耗设施,约占饭店总能耗量的10%左右;游泳池能耗参考浙江省的相关调研数据,温水标准泳池能耗约占饭店总能耗量的2%。

注:饭店综合能耗影响因素及其修正系统在第四章"节能减排考核体系"一节中详细归纳。

第三节　影响能耗的主要因素分析

影响饭店能源消耗的因素很多,例如建筑设计、建筑保温、被动式节能技术的应用以及机电系统设计、设施设备选型。再有就是饭店投入运营后的能源管理方式、机电系统的运行管理及节能改造等各个方面。可以说涉及饭店从设计建设到营运管理的全过程。因此,饭店的节能减排是一项系统工程,需要投资者、设计者及管理者共同努力和参与。对影响能耗因素进行分析,有助于提高饭店的建设品质和能源管理水平。

一、建筑设计

对于饭店而言,不同的建筑外形、朝向、外墙的保温性能、窗墙比等均对能源消耗产生影响,这一特点在企业实际调研中体现得十分明显。结合《公共建筑节能设计标准》中的相关内容,归纳如下:

(一)建筑物的平面布置

尽量采用南北朝向,尽量使用外表面积较小的圆形或方形。图2-6和表2-15所示为建筑物朝向、平面形状对空调冷负荷的影响。从图中可见,同样平面形状的建筑物、南北向比东西向的负荷小,特别是在相同面积的情况下,主朝向面越大,这种倾向越明显,故建筑物首先应采用南北朝向。在建筑物体积相同的情况下,建筑物外表面积越小,冷(热)负荷越小。

表 2 – 15　建筑朝向、体型及外墙等的节能性

分类	项目	节能方法
建筑设计	建筑物的平面布置、朝向、体型	1. 同样平面形状的建筑物,应尽量采用南北朝向,而不是采用东西朝向 2. 尽量采用外表面小的圆形或方形建筑
	窗户和玻璃	3. 缩小窗户面积 4. 用吸热玻璃,反射玻璃,双层玻璃 5. 采用内、外遮阳
	墙体和屋顶	6. 尽量减少建筑物的外墙面积 7. 改善外墙屋顶的保温性能,采用热容量大的隔热材料 8. 表面涂色和装设屋檐 9. 屋面洒水和双层屋面

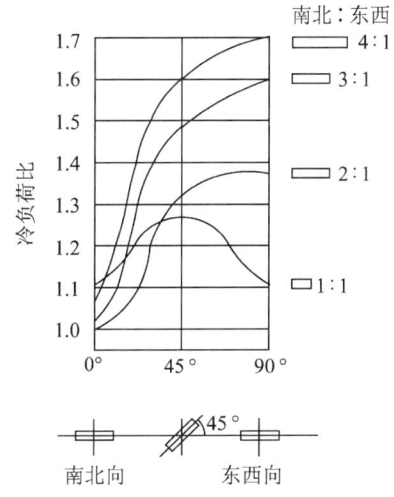

图 2 – 6　建筑朝向及形状对冷负荷的影响[①]

(二)墙体和屋顶保温

实例证明,采暖季较长的地区,重视的建筑保温,建筑能耗有时可下降 30% ~ 40%,而造价大约增加 5%。我省属夏热冬冷地区,墙体隔热等节能效果虽没有北方明显,但其节能性是肯定的。国家出台的《公共建筑节能设计标准》(GB50189—2005)对建筑围护结构传热系数和遮阳系数有明确的规定,见表 2 – 16。

---

① 谭志宣,孙一坚. 饭店节能技术及应用实例. 北京:化学工业出版社,2006.

表 2−16 夏热冬冷地区围护结构传热系数和遮阳系数限值

围护结构部位		传热系数 kW/(m²·K)	
屋面		≤0.70	
外墙(包括非透明幕墙)		≤1.0	
底面接触室外空气的架空或外挑楼板		≤1.0	
外窗(包括透明幕墙)		传热系数 kW/(m²·K)	遮阳系数 SC(东、南、西向/北向)
单一朝向外窗 (包括透明幕墙)	窗墙面积比≤0.2	≤4.7	—
	0.2＜窗墙面积比≤0.3	≤3.5	≤0.55/—
	0.3＜窗墙面积比≤0.4	≤3.0	≤0.50/0.60
	0.4＜窗墙面积比≤0.5	≤2.8	≤0.45/0.55
	0.5＜窗墙面积比≤0.7	≤2.5	≤0.40/0.50
屋顶透明部分		≤3.0	≤0.40
注:有外遮阳时,遮阳系数＝玻璃的遮阳系数×外遮阳的遮阳系数;无外遮阳时,遮阳系数＝玻璃的遮阳系数。			

注:摘自《公共建筑节能设计标准》(GB50189—2005)表 4.2.2−4

(三)窗户和玻璃

玻璃隔热:玻璃窗主要目的是采光,但对于空调来说,玻璃窗使得夏季进入室内的热量增加,增加冷负荷。而冬季则使进入室内的日照增加,可减少供暖负荷。但由于玻璃的热阻要比墙体热阻小很多,因此因传热而从玻璃窗损失的热量要大很多。按相关部门的统计资料,夏季通过玻璃窗的日照得热占冷水机组最大负荷的 20%~30%,冬季单层玻璃的热损失约占锅炉负荷的 10%~20%,因此,对玻璃采取节能措施,是节能的有效途径之一。

采用适合的窗墙比:现代饭店的建设中往往追求大面积玻璃和落地窗,以改善视觉效果,但这些设计对能耗控制是无益的,从建筑物模拟计算结果看,窗墙面积比在 0.3~0.5 范围内,年总能耗量相差不大,但窗墙面积比超过 0.5 时,建筑能耗将明显增加。因此建筑设计不能盲目追求"透"、"亮",而一味加大窗户面积。

改进玻璃窗材料和组成:实践表明,吸热玻璃、反射玻璃、热反射玻璃,用隔热遮光薄膜等都是改进玻璃窗传热的有效方法。通常可减少太阳向室内辐射热量的70%以上。

(四)建筑遮阳

除了采用内遮阳窗帘以外,建筑窗户外部的凸出物可起到阻挡直接日射的外遮阳作用。实践证明,窗户的外遮阳比内遮阳对减少日射得热更为有效,建筑物窗户如果考虑合适的外遮阳措施,甚至可以减少日射热量的80%。

二、系统设计及设备选型

与工矿企业不同,在饭店建筑中,"建筑能耗"占了总能耗的90%以上,而这些能耗均由各类机电系统及设备的运行而产生,所以饭店的机电系统设计和设备选型是能源消耗控制的决定性因素。《中国建筑节能年度发展研究报告2010》中也指出"同一类公共建筑中能耗出现的巨大差异并非源于是否采用了先进的建筑节能技术,而更多地源于建筑物所提供的室内环境标准不同、建筑物形式和建筑物使用者的生活模式和由此造成的设备系统形式与运行方式"。可见,重视机电系统设计及设备选型已越来越多地被学者及饭店管理人员所认识,机电系统设计对饭店能耗值的影响也越来越多地被工程管理人员所认知。

以某典型饭店为例,其主要机电系统及设备的构成、单位面积能耗及其比例如图2-7、图2-8所示。

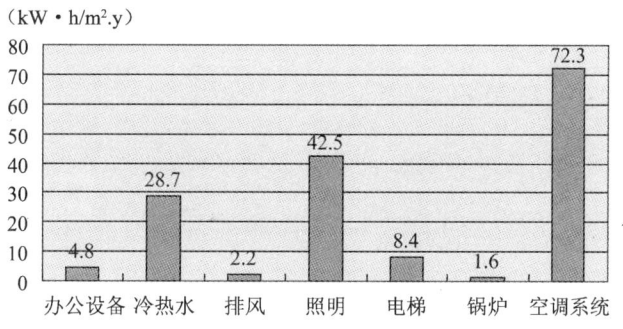

图2-7 某饭店主要设备能耗分项

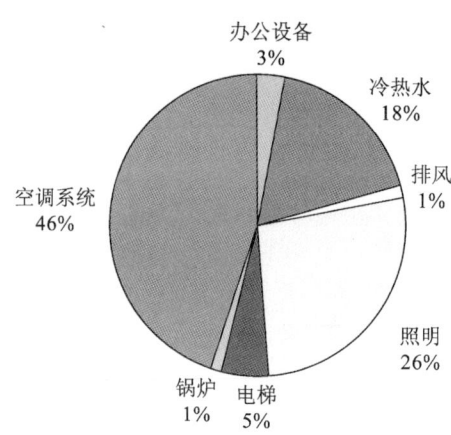

图 2-8 某饭店能耗分项比例

由图 2-8 可见,在饭店能耗组成中,最主要的是空调、冷热水、照明等,重视以上系统的设计、科学合理地配置设备,便可在运行中起到事半功倍的作用。另外电梯能耗约占总能耗的 5%。关于电梯的节能性,虽然目前各大厂家均推出了各种形式的节能型电梯,但减少电梯的使用时间仍是电梯节能的关键,这与饭店的功能布局是否合理、日常管理水平以及"物流"设计(如专用的布草井道)等密切相关。

以上三大主要能耗系统,归根结底是能源在使用中的三个方面的运行和使用效率,即照明系统、供冷系统和供热系统。要达到较好的节能降耗效果,则必须在设备的选型和设计上注重以下问题:一是合理选择能源种类,二是注重设备的实际使用效率及系统设计的合理性,三是注重系统运行的匹配性和可控性。

(一)能源种类的选择

以上能源系统中,照明的能源对于各饭店来说基本无选择余地,只可选择市政电网。而对于供冷和供热系统,可选的能源种类相对较多,如电能、蒸汽能、天然气、太阳能等。根据目前江苏地区常用的各类能源以及相应的机电设备,计算的能源转换效率及折算单价如表 2-17 所示。

可以看出,序号 1~6 为直接供热,转换效率均值高的也只有 90% 左右,而燃煤锅炉只有 65%;序号 7~17 为电驱动类供冷供热,除电锅炉、蓄热锅炉外,效率均超过 2。很显然,无论从转换效率还是热量单价来看,热泵类设备都有较大优势,同时,热泵技术也是运用较成熟的技术。表 2-17 中电能按 860kcal/kW·h 计算,与"住建部"公布的电能折标系数 0.1229kgce/kW·h 是一致的。

表 2-17 能源热量单价及转换效率比较

序号	设备名称		单位	热值 (大卡/*)	能源单价 (元/*)	综合 使用效率	热量单价 (元/万大卡)
1		0#柴油	kg	10 200	8	0.9	8.71
2		天然气	m³	8400	3.5	0.9	4.63
3		液化气	kg	11 000	6	0.9	6.06
4		商品蒸汽	m³	650 000	230	0.9	3.93
5		标准煤	kg	5300	0.85	0.65	2.47
6		水煤浆	kg	4300	1	0.84	2.77
7		电热水器或电锅炉	kW·h	860	0.829	0.95	10.15
8		空气源热泵制热水	kW·h	860	0.829	3	3.21
9		空气源热泵空调	kW·h	860	0.829	3.2	3.01
10		地源热泵制冷	kW·h	860	0.829	4.5	2.14
11		地源热泵采暖	kW·h	860	0.829	3.8	2.54
12	电	分体空调,VRV 类	kW·h	860	0.829	3	3.21
13		热回收空调制热水	kW·h	860	0.829	10.5	0.92
14		冰蓄冷空调	kW·h	860	0.309	3.9	0.92
15		蓄热锅炉	kW·h	860	0.309	0.8	4.49
16		螺杆机	kW·h	860	0.829	4	2.41
17		离心机	kW·h	860	0.829	4.5	2.14

注:能源单价为 2010 年平均单价,与各地实际单价可能有差别,各地可按实际能源单价按比例计算。

目前,仍有一些饭店使用溴化锂吸收式冷水机组,其效率只有约 1~1.2。即使与分体空调比也相对较低。所以在无余热可利用的情况下,选择此类冷水机组没有任何优势。表 2-10 中的饭店 K1,表 2-11 中的饭店 L2、饭店 M2 和饭店 N2,表 2-12 中的饭店 M3、饭店 N3,均为溴化锂空调用户,其单位面积能耗量均高于同类型饭店15%~20%;从统计数据看,苏北地区溴化锂空调占有率明显高于苏南地区。

由于能源的种类选择决定了主要能源设备的形式,因此对整个饭店的能耗水平有较大的影响,所以饭店在节能改造尤其是在筹建过程中,应首先对各地的商品能源和地域特点进行分析对比,再进行选择。

(二)设备的实际使用效率及系统设计的合理性

从某种程度上说,饭店的主要设备就是进行能源的转换,设备的自身效率决定了能源的实际转换值。如表2-10中的天然气用户的平均单位面积能耗量为40.78kgce/m².y,表2-11中蒸汽典型用户的平均单位面积能耗量为40.23kgce/m².y,表2-12煤炭典型用户的平均单位面积能耗量为54.93kgce/m².y。产生如此差异的重要原因之一,就是主要能源设备的效率不同,相比较而言,煤锅炉的转换效率是最低的。

在实际工作中,似乎一谈到节能降耗,人们马上就会联想到先进技术、高效设备,但是否仅仅采用先进技术、节能设备就能达到节能降耗的目的呢?从调研结果来看并非如此,有些饭店尽管选用了大量高效、先进的设备,但能耗依然偏大。其根本原因在于一个低能耗、高效率的系统并不只是若干个高效设备的简单叠加;配置的科学、合理和完全针对饭店经营特点的设计才是最重要、最关键的。

设备的额定使用效率是指额定工况下设备的输出侧与输入侧的能量比值;设备使用效率指标,表明了设备的能源转换效率,如蒸汽锅炉一般在85%~90%左右,热水锅炉可达到88%~92%,热泵类设备根据环境和工况的不同,COP值(性能系数,制冷类设备常用的反映设备能源转换效率的参数值)一般在2~6。统计数据表明,采用不同类型的系统,由于其设备效率不同,在一定程度上影响最终的能源消耗。如表2-13中的分体空调用户和其他类型用户比较,最终的单位面积能耗量相对较低,除了饭店服务标准较低等因素之外,其原因一是分体空调的效率相对较高,无论制冷或采暖其COP值均接近3,二是系统构成简单、运行损耗很小。

调研数据表明,在同一类型系统中,选用设备的效率高低并不一定与最终的能耗量产生正比线性变化。如采用电制冷的用户,螺杆机的使用效率(COP)约 4.5~5.6,而离心机约 5~6.4,很明显离心机的 COP 值高于螺杆机,但实际数据表明,同等规模的饭店在使用上述设备时,能耗数据的差异并无明显规律。

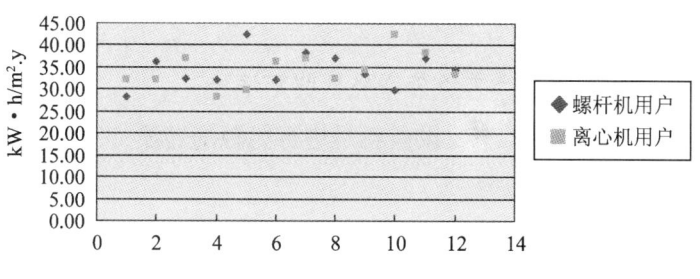

图 2-9 离心机与螺杆机用户对比

这种无规律性证明主要设备的 COP 值并非是决定饭店最终能耗水平的唯一因素,主要原因为:

(1)受天气和经营状况的影响,饭店内各类负荷的季节变化及日变化较大;在大多数情况下,设备均是在部分负荷下运行;此时的 COP 值差异不如额定工况下的 COP 值差别那样大。设备在部分负荷下运行时间明显高于额定负荷,因此,空调主机在部分负荷下的性能参数(COP)比额定负荷下的 COP 值更为重要。有些设备在满负荷时 COP 值较高,但不一定在部分负荷时始终保持同样优势。

表 2-18 江苏地区 42 家饭店平均空调负荷统计

负荷率(%)	5	10	20	30	40	50	60	70	80	90	100
时间频数(%)	0.1	0.1	4.9	19.5	31.6	20.8	11.9	7.6	2.3	0.9	0.3
累计时间频数(%)	0.1	0.2	5.1	24.6	56.2	77	88.9	96.5	98.8	99.7	100

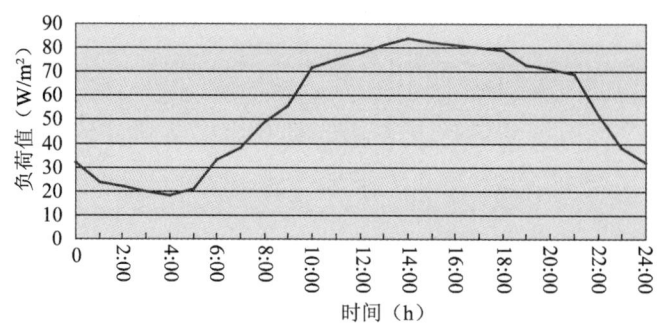

图 2–10　典型饭店日空调逐时负荷特征

从表 2–18、图 2–10 可以看出,饭店空调大部分时间运行在 70% 负荷以下,且昼夜变化非常大,所以设备的部分负荷特性(IPLV),即满足部分负荷下的效率,比设备的 COP 值更有实际意义[1],如图 2–11 所示。

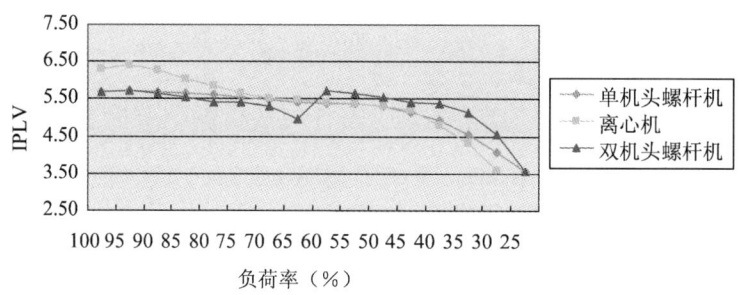

图 2–11　螺杆机与离心机部分负荷时特性对比

经过调查统计,江苏省大型饭店主要机电设备普遍存在余量过大的现象,这种大马拉小车的状况,大大削弱了设备应有的使用效率,主要表现为:

①空调主机的总装机容量及单台冷机容量过大,导致在部分负荷运行时效率降低。

②空调冷冻水系统流量或扬程超配,导致无效的能耗损失过大,运行中主要表现为冷冻水的进出温差过小,一般设计为 5℃,但实际调研中,大部分的用户在 1℃～3℃。

---

[1]　谭志宣,孙一坚. 饭店节能技术及应用实例. 北京:化学工业出版社,2006.

③锅炉单台装机容量过大；许多饭店均以一用一备的模式配置锅炉，导致在低负荷运行时，待机能耗损失增加。

④变压器容量配置超标，且无法实现按实际运行负荷大小调整投运台数，许多饭店变压器的长期负载率不足40%，导致低负荷时损耗增加。

这些待机或部分负荷时的损耗，看起来似乎不大，但由于是全天候发生，其累计的数值可以影响整体能耗的5%~10%。

（2）各类机电系统中的附属设备能耗量较大，因此，追求和实现系统配置的合理性更有节能实效。

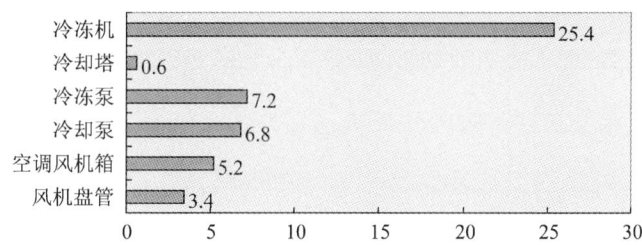

图2-12　某典型电制冷用户空调分项能耗（$kW \cdot h/m^2 \cdot y$）

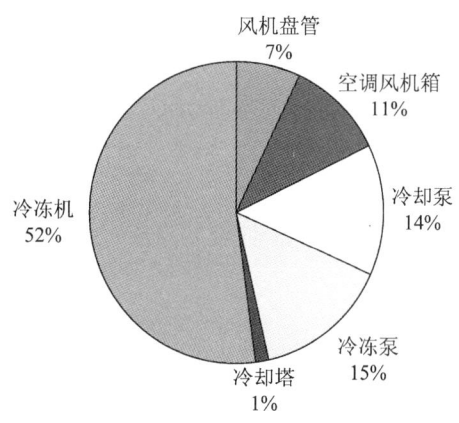

图2-13　某典型饭店各分项电耗比例

从上图可以看出，饭店中央空调系统中，主机能耗只占到约50%，所以如果仅注重空调主机的节能性，而忽略其他附属设备，最终的节能效果不一定理想。在对企业调研中发现，少数饭店仅空调水泵一项的耗电量就已经接近主机的耗电量。所以在饭店空调系统设计过程中,空调冷冻(冷却)水系统及末端的节能性和可控性确应引起高度的重视。

任何一个完整的机电系统必然由许多附属设备组成,主要设备只是其中对整体能耗影响较大的因素之一,而其他附属设备及系统的组成形式对整体能耗的影响不可忽略。比如某饭店建筑16层、建筑高度60米。由于建筑高度较高,供水系统必须要进行分区设计。其热水系统虽采用了效率较高的天然气真空热水锅炉,但其热水系统的设计却没有进行合理分区,而是采用逐层减压的方式,这样就使得大量的能源消耗在减压阀上,最终的热水综合单价反而比同类型的其他用户高出10%。

(三)系统的匹配性和可控性

目前,建筑设计行业存在的一个矛盾是如何把握系统运行可靠性和实现节能降耗这两者间关系。运行可靠即需考虑运转过程中的种种不利因素,计算过程中的安全系数层层叠加,计算完毕还需留有一定的备用量。而节能降耗则最希望系统和设备的配置基本实现无余量,以保证设备的最佳运行效率。在饭店建设过程中,由于各环节、各阶段责任方的考虑重点和考核指标不同,在筹建期的设计阶段并无实际的节能考核要求和指标,且设计所选用的参数是以当地最不利的气候条件为依据,因此在满足《公共建筑节能设计标准》的前提下,往往出现设计余量较大的现象,这就造成了如表2-18所示的饭店空调系统在100%负荷下的运行时间不足3%的状况。在江苏省饭店企业调研中,就掌握的数据来看,基本与表2-19所示情况类似,很多企业管理者,特别是工程部经理对此也有普遍反映。

表2-19 抽样调查30家饭店装机和开机容量的冷负荷统计分析[①]

冷负荷指标	装机容量的冷负荷指标(W/m²)						
	<58	58.1~69.8	69.9~81.4	81.5~93	94~104.7	104.8~116.3	>116.3
饭店家数	0	1	2	5	7	4	11
所占百分比/%	0.0	3.3	6.7	16.7	23.3	13.3	36.7
分计百分比/%	10.0			40.0		50.0	

---

① 谭志宣,孙一坚. 饭店节能技术及应用实例. 北京:化学工业出版社,2006.

续表

冷负荷指标	实际开机容量的冷负荷指标(W/m²)						
	<58	58.1~69.8	69.9~81.4	81.5~93	94~104.7	104.8~116.3	>116.3
饭店家数	1	8	16	3	2	0	0
所占百分比/%	3.3	26.7	53.3	10.0	6.7	0.0	0.0
分计百分比/%	3.3	80.0		16.7		0.0	

而就现阶段而言,建筑设计的参数及计算模式一时较难改变,所以重视设备的配置,提高系统的匹配性和可控性,是值得设计人员、饭店管理人员及投资者重点关注的问题。

(1)注重部分负荷下的节能运行要求。主要设备不宜按单台满足最大负荷进行容量设置,在详细计算的前提下,尽量将容量较大的机型拆分成单台满足实际最大负荷频数的部分使用负荷要求。

(2)按饭店的实际经营要求进行合理分区,设计中需尽量考虑饭店的经营特点。比如饭店内客房、餐饮、娱乐区域有着明显的经营时间规律性,空调系统的设置需考虑这些因素。再如高星级饭店,公共照明负荷均趋向大功率化,应在回路划分中考虑细分,做到可按经营要求采用针对性的照明设计,便于经营中的节能运行。

(3)新风、排风、水泵等设备需考虑其运行中的可调节性。新风、排风等系统自身的功耗并不高,而如果设计和使用不当,会带来相当大的空调损失,而常规设计中,这些设备均按固定的参数设计,并未考虑客房出租率或餐厅上座率等因素,如果不可调控,所带来的能源损失是惊人的。

(4)可考虑集中系统与分散系统相结合的方式。与集中式系统比较,分散系统的单台设备效率较低,但却有较好的可控性,且可避免附属设备带来的相关能耗和损耗。

(四)节能型设备的应用

节能型设备采用了先进的工艺或能源转换机制,具有效率高且达到或超过常规设备性能的特点。但值得注意的是,一味地依赖节能技术、仅仅依靠节能设备的叠加,不注重系统设计的科学性和经营中的能源管理,则可能会适得其反,或节能不节钱,浪费更多的社会资源。目前饭店行业所采用的节能设备大致可分为7大类,如表2-20所示。

表2-20 饭店适用节能设备大致分类

序号	类别	代表产品
1	围护结构保温	外墙保温、隔热膜、各类中空玻璃
2	高效照明	节能灯、细管荧光灯、LED照明
3	负荷调控	变频器、智能调光设备、空调温控装置
4	能量回收	蒸汽冷凝水回收、余热回收、中水回收
5	太阳能	集热式太阳能热水系统
6	热泵	水源、地源、空气源热泵
7	智能化	BA、智能房控、能耗监测管理系统

许多饭店采用节能产品后,取得了较好的效果,而且以上节能产品中,围护结构保温、高效照明、太阳能等在节能设计规范中均有相应规定。但任何产品的选用均需根据项目的特点和实际情况,而不是盲目堆砌;对于新型的、未经时间检验的新产品,则应慎重选用。

1. 围护结构节能

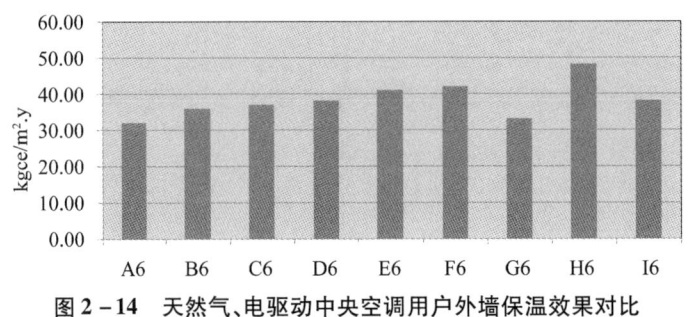

图2-14 天然气、电驱动中央空调用户外墙保温效果对比

图2-14中,饭店A6~饭店D6为2005年后建成饭店,采用了外墙保温、中空玻璃等节能产品;饭店E6~饭店I6建成年代较久,均未采用保温型围护结构。从图2-14可以看出,饭店A6~饭店D6的平均能耗值低于饭店E6~饭店I6,但并未如设计时所说的节能50%这么明显,且饭店A6~饭店D6建成时间较晚,设备

效率相对较高,本身有一定的优势。造成这一现象的主要原因是:江苏地处长江中下游,属于夏热冬冷气候,饭店的夏季室内空调平均温度为24℃~25℃,户外平均温度为29℃~31℃,温差为5℃~6℃;冬季室内空调平均温度为19℃~21℃,户外平均温度在2℃~5℃,温差也不过15℃~16℃,且采暖时间短。在空调负荷构成中,围护结构导热并非主要因素,反而照明负荷、新风排风负荷、湿负荷、人体散热及空气渗透等占了空调负荷的绝大部分。如在"民用建筑空调冷负荷估算指标"中,中餐厅的估算指标为360W/m²,其中建筑负荷仅35W/m²,占比不足10%,且空调能耗也仅占饭店总能耗的50%左右,所以建筑围护体结构节能不会像北方公共建筑那样明显。而在实际调研中,部分饭店在建筑设计时,房间窗户上方设有雨棚等遮阳构筑物,虽未取得翔实的能耗对比数据,但少量的实测案例显示,夏季未开穿调时,这些区域与无遮阳的同类房间相比,自然温度低2℃左右,这一现象也值得在饭店设计及节能改造中给予充分重视。

2. 高效照明

高效照明因其明显的节能性已被广泛应用,《建筑照明设计标准》GB50034—2004虽未对节能型灯具作详细的规定,但对于《标准》中所规定的单位面积功耗目标值,如果采用常规白炽型灯具,是很难达到要求的。而采用高效照明,在达到同样照度的情况下,功率一般不足白炽灯的1/5;在图2-8所示的饭店分项能耗分析中,照明的电耗占比为26%。同时,因照明负荷造成的空调冷负荷约占总冷负荷的8%~20%。可见照明节能相当重要,高效照明所达到的节能效果也是肯定的。但在调研中看到的现象却令人担忧,盲目地追求豪华和档次似乎已经成为主流,近年来新建的饭店中,节能型灯具所占比例不增反降。按《建筑照明设计标准》(GB50034—2004),客房的照明功率密度目标值为13W/m²,即25m²的客房照明功率应不超过325W。但在实际调研中,新建饭店几乎没有一家达到此标准,有的饭店仅7m²的卫生间,照明功率就达到300W;很多饭店客房内几乎没有配置节能灯。除客房走廊外,其他如中餐厅、多功能厅等实际照明功率均超过《标准》中的规定值,这一现象值得设计人员和建设监管人员关注。

3. 负荷调控

负荷控制节能,以前一直被设备管理人员所忽视。主要原因一是饭店无详细的分项能耗计量,无法测得负荷调控设备对系统的整体节能性的影响数值;二是负荷控制设备一般较分散,所调控的设备功耗不一定很大,因此未引起足够重视;三是负荷调控装置与系统的整体匹配有关,节能效果的验证难度较大。

在调研中发现以下普遍现象:

(1)空调风机盘管的电动二通阀缺失或损坏严重,很多饭店在设备损坏后,因更换较麻烦而不进行维修,直接打开手动装置;而还有一些饭店干脆没有安装电动阀。

(2)部分饭店虽安装电动二通阀,但未安装温控开关,仅靠风速开关调控,温度无法精确控制;部分饭店虽已安装温控开关,但安装位置不合理,如餐厅的温控器安装在服务间,无法真实感应到餐厅的空调温度。

(3)部分饭店仅在风机盘管上安装电动二通阀和温控装置,但全空气处理系统和空调机组未安装任何调控装置,而此类空调设备的容量较大,因此,造成的能耗损失也更大。

(4)大部分饭店未对空调循环水泵作任何负荷调控措施。空调系统作为饭店中能耗最大的部分,其最终的能耗值与两个重要参数有关——设计参数和运行参数,并且后者对能耗的影响更为明显。如表2-21、表2-22所示。

表 2-21　某 $20m^2$ 客房在不同温度下,空调实测冷负荷

温度(℃)	21	22	23	24	25	26	27	28
冷负荷(W)	1950.8	1859.7	1769.5	1676.5	1581.9	1486.4	1390	1288.7

从上表 2-21 统计数据来看,在其他参数一定的情况下,房间温度每下降 1℃,空调能耗上升 7% 左右[①]。

---

① 陈秦怡,万金庆,范颖. 室内温度变化对空调能耗的影响. 制冷与空调,2008(3).

表 2-22 抽样调查 5 家电驱动空调用户电耗量(2010 年)

饭店	A7	B7	C7	D7	E7
面积(m²)	30000	25000	30000	35000	28000
空调耗电(kW·h)	628480	952000	920000	1596400	750000
单位面积电耗量(kW·h/m²)	20.95	38.08	30.67	45.61	26.79

表 2-22 中,饭店的空调耗电均独立装表计量,计量范围包括空调主机及机房附属设备,不含空调末端用电,其中饭店 A7、饭店 E7 为 2006 年后的新建饭店,空调控制设备较齐全,且饭店 A7 的空调水泵已配置变频系统,而饭店 B7、饭店 C7 和饭店 D7 的空调温度及水量控制设备有不同程度缺失,由于饭店 D7 在 2008 年空调水泵与冷却塔安装了独立电表,计量表明,附属设备耗电约占空调主机耗电的 50%(较理想的数值应该在 30%左右)。

虽然导致饭店空调电耗差异的原因千差万别,但从以上数据可以看出,末端的调控确实对空调能耗有不可忽视的影响,实际运行参数的差别,是导致空调能耗差异的主要原因。温度、水量等调控设备是保证运行参数与实际需求相匹配的重要条件。

4. 其他节能设备

(1)热回收及热泵技术:在饭店节能改造方面,热泵技术的应用是节能量较大的一种方式,如空气源热泵、水源热泵、地源热泵、冷凝热回收等,其中空气源热泵及冷凝热回收结构简单,设备也较成熟,但设备容量一般不大,节能量也有限,通常适用于小型饭店或饭店的局部区域。地源热泵及水源热泵是利用更优质的冷却或供热源,可以大幅度地提高设备的效率,因此节能量较大;但由于其投资大、系统复杂、设计安装环节有很高的要求,因此这几年在饭店推广速度不快。

(2)智能化节能系统:主要包括楼宇自控(BA)、智能房控、能耗监测管理系统三类。江苏省 2000 年后所建的饭店中,部分已安装 BA 系统。在走访调研中,业主及管理部门对其的评价不一,大部分原因是涉及后续维保及管理问题。但从数家饭店的最终能耗量上看,有一定效果。

（3）智能房控系统及能耗监测管理系统是近年来刚开始出现的节能控制方式，具体的效果仍待观察，能耗监测管理系统是近三年来住建部重点扶持的节能资金补贴项目，目的在于提高用户的节能意识，积累节能降耗数据。

节能设备种类较多，且设备原理及节能效益也有很大差别。但无论哪种节能设备，对于某个具体饭店而言均有适用与否的问题，业主选择时应该根据自身的特殊情况进行甄别，以免造成节能设备的堆积，最后反而造成资源的浪费。

需要指出的是，目前，饭店行业建设过程的专业化程度还处于较低水平，使得部分饭店刚刚建成便存在"能耗"缺陷，甚至是带着严重的"残疾"参与激烈的市场竞争。要尽快改变这一状况，一是投资者需要加强对饭店行业的专业认识。饭店业是典型的进入壁垒低、资本与劳动密集的行业，同时也是一个存在巨大退出障碍的行业，与其事后对企业进行高成本的"优育"，不如事前注重投资项目的"优生"。二是重视设计及设计审核。由于目前设计行业的专业分工还不够细化，真正懂得饭店经营管理、特别是机电系统运行管理的设计公司还不多，因此，设计审核就显得尤其关键。三是必须"建"、"管"结合。不能孤立地看待饭店建设与饭店经营，应该在规划初期就择定管理者参与饭店规划设计与工程建设，一个高品质饭店的诞生，至少需要六方面的全程参与：投资者、咨询顾问、筹备者、设计者、建设者、经营者，他们的通力协作、默契配合至关重要。同时，处在快速发展阶段的我国饭店集团应该在规模扩张的同时，充分重视其硬件设计标准的制定和完善，这是饭店业发展的重要趋势，也将对提高我国饭店设计、建设质量起到积极推动作用[①]。

三、运行管理

（一）能管机构建设及能管体制

饭店节能降耗的工作绩效，除建筑、设备因素之外，很大程度上还取决于饭店内各种设备的运行时间及运行标准，而这些又基于饭店的能管制度和节能意识。图 2-15 是通过企业调研分析，得出的影响饭店空调能耗的因素构成图。

---

① 阮立新. 低碳经济背景下的饭店管理方略. 江苏商论, 2011(9).

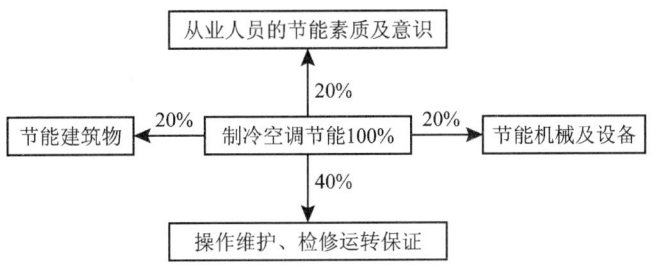

图 2-15 影响饭店空调能耗的因素构成图

组织机构决定组织目标,在节能降耗工作中,不同的能管组织机构决定了不一样的能耗水平。在调研中我们发现一个现象,即国企饭店单位面积能耗量一般高于民营饭店,但同时也发现,前者的运行标准明显高于后者。这并不证明国企负责能源管理的主管人员专业水平低,也不能证明节能降耗意识差,而可能与这两种不同类型饭店的考核管理指标差异有关。

近几年来,随着全社会节能降耗的推动,饭店行业的节能意识也大大加强。在走访的饭店中,有能耗分析汇报制度的占走访总数的100%,只是周期和内容各有差异,这与具体管理人员的业务素质有一定的联系。这说明节能降耗已是饭店行业的一种自发性需求,但由于其力度和方式各有差异,最终的实际能耗量差距也是相当大的。

企业调研显示,影响饭店能源管理绩效的主要原因之一是"意识"和"方法"方面的差异,而节能意识的形成在很大程度上取决于企业能源管理的组织机构形式。走访对象中,组织机构大致分为两类:总经理负责制和工程部经理负责制。很显然,前者的管理力度较大,同时节能降耗效果也较明显;而后一种虽也取得一定的效果,但管辖范围有限,且工作中会因各部门工作重点不同而产生矛盾。两者在节能制度和方法上也有雷同之处,主要是减少末端设备的使用时间、控制末端设备的使用标准等,但执行力度和效果随能管机构的不同而表现出差别。

(二)运行策略对能耗的影响

每谈到能耗水平,很容易会使人想到气候、室内发热密度、围护结构保温性能等,但实际调查测试和模拟分析发现,影响能耗量的重要因素还有:能否充分利用自然资源,如自然光、自然通风等,能否尽量缩短相应设备的运行时间,能否在部分负荷时,实现对设备及系统的有效控制,以及运行参数是否能控制在较合理的范围,等等。而这些因素中许多都与运行调控有着密切的关系。

1. 新风与排风的节能控制与运行

饭店的新风系统及排风系统(集中或分散),是降低 CO_2 含量、保持室内空气质量的必要设备,在星级饭店中普遍使用。即使是未配置新风系统的经济型饭店,也会设置分散式的排风换气设备。这些设备一般功耗并不高,年运行能耗仅在 $0.5kW·h/m^2·y \sim 2kW·h/m^2·y$ 左右,拿这样低功耗的设备来讨论节能,似乎效益不大,但这些设备在节能降耗中的意义绝非自身耗电那么简单。

表 2-23 饭店部分区域空调冷负荷估算指标(W/m^2)

名称	客房	酒吧	西餐厅	中餐厅	宴会厅	大堂	大会议室	美容	健身
新风量($m^3/p.h$)	50	25	25	25	25	18	25	25	60
新风负荷(W)	27	136	136	190	216	24	190	67	130
总负荷(W)	114	256	277	360	410	191	358	208	272
新风占比(%)	23.68	53.13	49.10	52.78	52.68	12.57	53.07	32.21	47.79

由表 2-23 可见,除大堂和客房的新风负荷略小之外,其他功能区域的新风负荷所占比例均超过 30%,有的甚至达到 50% 以上,而以上仅仅是理论数据,在实际调研中发现,大部分饭店的新风系统风量设置超过指标值,尤其以客房最为明显,7 家饭店抽样调查结果如下:按客房楼层新风机风量(m^3/h)/本层最大入住人数(p)=人均新风量计算,结果为:人均新风量在 $70m^3/p.h \sim 95m^3/p.h$ 之间,这种超标的新风量会进一步导致空调能量的损失。而在春秋两季(空调使用的过渡季节),户外气候条件较理想的情况下,应充分利用这些天然的冷热源进行新风补充,节能效果非常明显。

大堂等公共区域,虽然设计新风量较小,或有的饭店不配置新风量,但由于入口频繁开启,所造成的空气渗透也是相当严重。按美国 ASHRAE 公布的数据,在大堂入口处的手动单层门,在小时通行量达到 50 人次/时,风量渗透达到

$4000m^3/h \sim 7600m^3/h$,且这个数据会因大楼的烟囱效应,或因侧门等形成对流贯通而急剧增大。所以合理调控新风设备、根据不同的入住人数及室外气候条件进行新风量的调节,并对已有新风量进行测试,控制门窗的空气渗透,保证其处于合理指标水平,或通过一些设备(如热交换设备)回收排风能量,是空调节能运行中的有效措施。

2. 建筑得热与潜热控制

所谓建筑得热是指以日照、照明、人体、热传导等方式向建筑或房间传递的总热量。建筑潜热是指热量通过辐射的形式被墙体、家具等吸收并被储存,然后逐步放出的热量。

得热量中显热量的对流成分直接发散给室内空气,变成室内瞬时冷负荷,而辐射部分不会全部或立刻变成瞬时冷负荷,因为辐射热首先是被围护结构和家具等吸收,并缓慢释放。

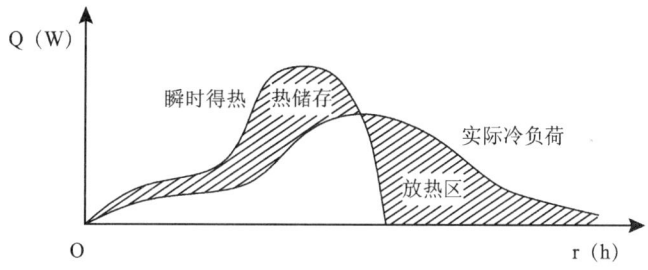

图 2 - 16 日射得热和实际冷负荷(西向)示意图

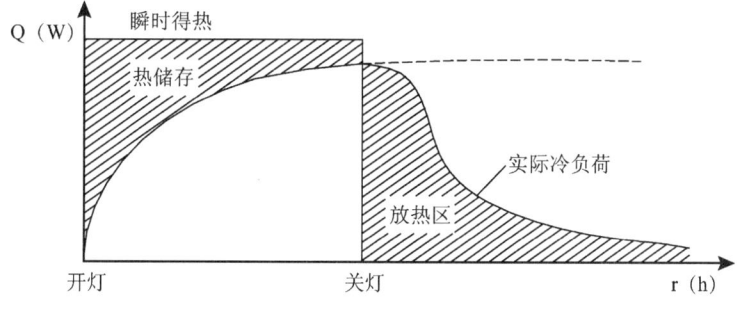

图 2 - 17 照明负荷与冷负荷示意图

图2-16显示的是一典型西向房间,进入室内的日射辐射得热量和冷负荷之间的关系。实际冷负荷曲线峰值比瞬时得热曲线峰值减少约40%,峰值负荷出现时间延迟约1小时,且在日射负荷消失后潜热会继续释放。如图2-17所示,照明得热与实际负荷显示出同样特性。

这种特性影响着空调设备的使用时间及运行能耗。实际调研中经常会发现,夏季某些餐厅晚餐结束时温度约在26℃左右,在夜间无任何热源供给情况下,在次日早上却发现餐厅内比较闷热,温度明显高于户外温度,这就是潜热释放的原因。这些潜热如果通过空调运行来抵消,势必带来能耗浪费。

另外,建筑得热是导致空调冷负荷的主要因素,如能减少得热,则能有效降低空调能耗。得热中,人体的得热量是按经营情况而定的,而照明和设备所产生的得热则是根据其开启时间而定。因此,在经营中应按需要随时开、关,尽量减少使用时间。

表2-24 某20m² 客房逐时建筑冷负荷汇总表(南向)

时间	7:00	8:00	9:00	10:00	11:00	12:00	13:00	14:00	15:00	16:00	17:00	18:00	合计	占总负荷比
外墙(W)	253	195	147	106	82	73	90	139	204	294	392	490	2464	36%
窗传热(W)	3	27	57	88	112	139	157	169	178	178	172	160	1442	21%
窗日射(W)	96	138	212	308	382	446	425	329	239	170	127	85	2957	43%
总计	352	361	417	502	576	659	672	637	621	642	692	735	6864	

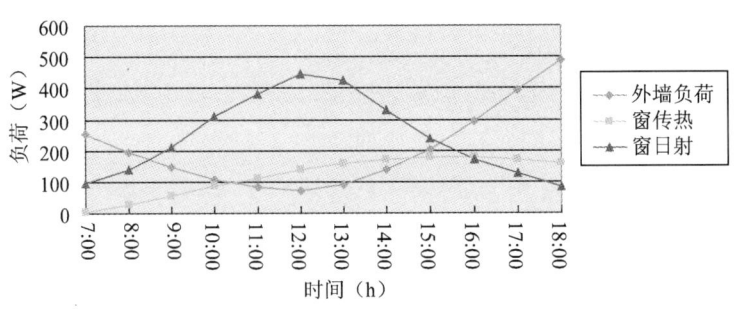

图2-18 某客房建筑逐时冷负荷

从表2-24和图2-18可以看出,在建筑得热中,外墙占比约36%,窗户传导约21%,以上均为永久性构筑物。现行的《公共建筑节能设计标准》(GB50189—2005)中对以上两种材料均有所规定,在实际运行中基本无法对其调控,而所占比例约43%的窗日射得热,则可在运行中加以控制。

通过认识这一规律,饭店应制定相关部门的操作程序和规范,对得热、潜热进行有效调控。

(1)在夏季,对于一些夜间非经营区域,可以在早晨通过自然通风或机械通风的方式消除潜热。

(2)在冬季,则希望减少潜热损失,可以通过夜间关闭窗帘的方法减少对外的热辐射。

(3)朝阳的房间,在日射高峰时段,可通过关闭窗帘等方法减少日射得热,且可在长时间日照的窗户上加贴隔热膜或反光膜等外加设施,以减少日光的透射强度。

3. 变温运行调控及合理设定标准

关于空调及热水等系统的运行温度,各饭店的规定不尽相同,这也与系统的设计形式有关。虽然设计过程中都有固定的标准参数,如夏季空调冷冻水7℃出水、5℃温差,冬季热水为60℃出水、10℃温差;这是按极端气候、最大负荷设计的,而实际运行中,绝大多数时间都是在小于最大负荷情况下运行的,因此,合理的调控就显得非常重要。

(1)变温运行。

如果能在部分负荷(经营中的绝大多数情况)时,在满足经营要求的情况下控制重要能源设备的运行参数,可达到较好的节能效果。通过相关的模拟试验,夏季冷水机组的出水温度提高1℃,则冷水机组的COP值提高3%~3.5%。也就是说在大部分的情况下,冷水机组的出水温度可以高于7℃,从而得到更高的运行效率。

例:某饭店夏季空调运行规定

①夏季中央空调运行按照《夏季中央空调开启要求及水温控制标准》执行。若有重要客情接待或会议接待等特殊情况需改变参数时,由大堂副理、值班经理、运转副总经理或总经理通知工程部调整,运行班做好相应记录。

②各区域冷、暖温度控制标准。

区域	设定温度(℃)	
	冬季	夏季
楼层过道	20	25
大堂	20	25
西餐厅	21	24
宴会厅	20	24
宴会序厅	20	26
会议室	21	25
娱乐部公共区域	20	25

③夏季中央空调开启要求及水温控制标准。

	时间及气候条件		出水温度
冷水机组运行	6月中旬至8月下旬 9:00 至 22:00	当该时间段气温高于36℃时	7.5℃
		当该时间段气温32℃~36℃时	8℃
		当该时间段气温低于32℃时	8.5℃
	6月中旬至8月下旬 22:00 至次日9:00	当该时间段气温高于32℃时	8.5℃
		当该时间段气温低于32℃时	9℃
	其他供冷月份9:00 至 22:00		10℃
	其他供冷月份22:00 至次日9:00		11℃
	过渡季节间歇运行方式 室外温度在24℃~28℃时	冷水机组运行时间: 10:00~13:00 16:30~24:00	11℃
冷却塔	每小时巡检冷却水温度,当供回水温差小于3℃时(特别是晚间23:00~次日7:00和过渡季节),应关闭冷却塔风扇。		

④客房楼层新风及集中排风运行标准。

运行 月份	温度设定	送风机	排风机	频率
11月至2月	20℃	18:30~次日8:30、11:30~15:00开启	全天开启	45Hz
5月至9月	25℃	18:30~次日8:30、11:30~15:00开启	全天开启	45Hz
3月至4月、10月		17:00~次日8:30开启	全天开启	45Hz

以上空调水温的设定值,随饭店所处的环境特点及空调系统的保温情况而略有不同,因此饭店应该根据自身特点,通过不断的运行调整,得到各自适合的标准值。冬季采暖时,运行标准与夏季有所不同,冬季提高热水的运行温度会增加系统热损失,但在提高水温时,对制热主设备的效率影响相对较小(热水锅炉或蒸汽换热时冷凝水已回收);夏季空调水系统的大温差运行可大大减少循环泵的运行能耗。

同理,生活热水的运行温度也是随水温的上升而增加热损失,所以热水运行应根据气候变化适当调整其设定值。

(2)合理设定运行标准。

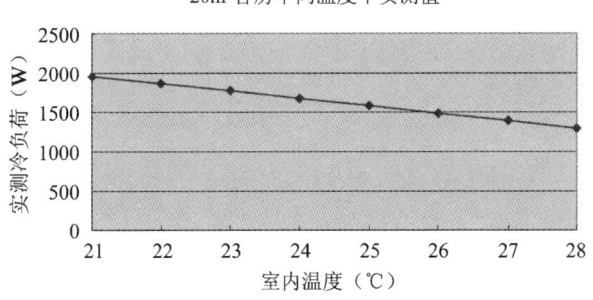

图 2-19 夏季不同室温下的冷负荷实测值

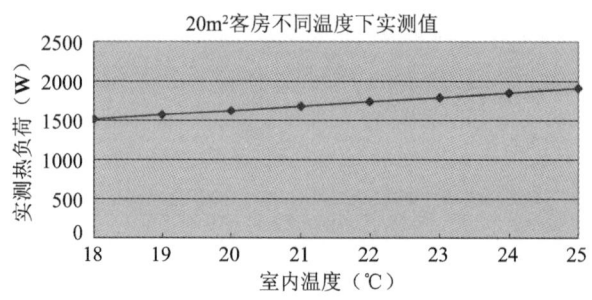

图 2-20 冬季不同室温下的热负荷实测值

从图 2-19、图 2-20 可以看出,夏季空调运行时,房间温度每提高 1℃,实测冷负荷下降 7% 左右,而冬季房间温度每下降 1℃,实测热负荷下降 3.5% 左右,所以合理调整空调房间的运行温度,是节能最直接的办法。但饭店经营中并非所有房间温度均在管理方的调控范围内,这就需要管理方提供合适的环境去引导使用者调控使用温度。如客房管理中,可通过不同的季节换用不同厚度的床上用品的方式等。另外,不少饭店客房新风机组的出风温度标准往往偏高,带来不必要的能耗;如夏季设置为 24℃、冬季设置为 22℃;可适当作调整,夏季和冬季可分别提高和降低 1~2℃,因为新风机组运行的目的主要是提供新鲜空气,房间温度还是要靠风机盘管保证的。

4. 其他运行调控手段

(1)末端水压调控。根据《建筑给排水设计规范》(GB 50015—2003),饭店生活用水压力一般控制在分区顶层静压为 0.15MPa~0.2MPa,分区的底层静压不超过 0.55MPa(最好不超过 0.45MPa)。在实际系统运行中,供水分区内水压差别幅度偏大,会对用水点的水流量产生影响,导致分区底层水龙头超压出流,即给水配件(水龙头等)前的静水压大于设计流出水头,其流量大于额定流量的现象;两者的差值为超压出流量,这部分流量未产生正常的使用效益,且其流失又不易被人们察觉和认识,属"隐形"水量浪费。

饭店实地调研中,选择 8 家不同建筑高度和不同供水类型的饭店作为测试对象。其中多层建筑 5 幢,均为外网直接供水;高层建筑 3 幢,测试压力超标(以 0.2MPa 为标准)率为 56%。在这种超压供水的情况下,水龙头均会出现不同程度的超流现象。

针对这种情况,对于经营中的饭店,如果加装减压阀不是太方便,最简单的方法是控制超压房间的进水阀门开度,以减小供水动压,控制室内水龙头流量在合适的范围。

(2)分时照明。在调研中发现一个饭店行业共同的现象,即照明(特别是公共区域照明)负荷较高。部分饭店已安装智能调光系统,但大部分饭店的照明回路设计较为简单,有些局部区域几乎为一个回路控制所有灯具,营业时,无论需要与否,只能全部开启。

饭店是24小时不间断运营的场所,但在不同的时间段及气候条件下,室内所能接受的自然光强度不一样。图2-21为某饭店在夏季晴天条件下,大堂的自然光强度变化图。

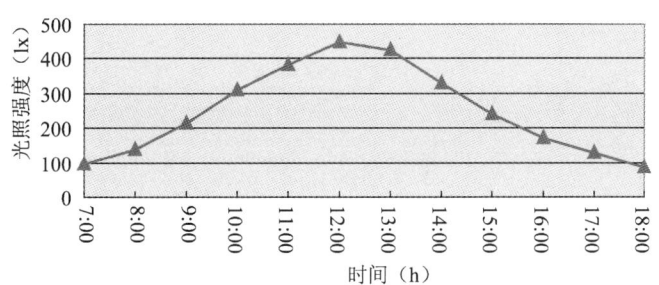

图2-21 某饭店大堂夏季室内自然光强度示意图

在这种情况下,完全可通过分时照明的方式减少照明能耗。当然作为营业性场所,即使在室内自然光最强时,关闭所有照明也是不适宜的,所以最好在饭店建造时,照明回路的分配方式不是按功率平均分配,而是按营业的需要进行照明场景需求设计,以达到经营中所需场景的最低照明功耗。

虽然公共区域照明耗电并不是太高,但这些照明功耗的一部分会转化为照明热负荷,由空调负荷承担。

(3)运行电压调控。在调研走访中,发现大部分饭店的变压器的低压侧输出电压为390V~410V,大部分变压器不可带载调压。关于电压的整定,并无严格的依据,大部分是以满足大型设备如空调主机等的电压要求为设计依据,因此,往往导致了照明系统的电压超标。抽样调查的 10 家饭店中,照明电压在 220V 以下的仅 20%,这种照明系统的超压,不仅会加速光源(灯具)的损坏,而且在无形中,导致了电量的损失。按照明功率计算公式:$W = U^2/R$,照明功率与电压的平方成正比,所以电压的升高会导致照明功率急剧上升,而这种功率的提升对实际使用并未产生效益。因此对于变压器数量大于两台的饭店,照明和大型设备宜采用不同的变压器供电,以便在运行中适当降低照明电压,降低光源损耗率,节约照明能耗。

附表 2-1 饭店企业调研表

调研中,采用统一的调研表格式,通过实地走访调研及培训班集中发放表格的形式展开调研。

设备参数调查表

一、单位基本情况

填表人:_____ 日期:_____

单位名称:_____ 联系人:_____ 联系电话:_____

联系地址:_____

二、节能工程相关信息

1. 饭店基本情况

饭店面积（m²）	房间数（间）	建筑概况	餐位数（座）	平均开房率(%)	平均上座率(%)	体制	建成时间
		□分散 □集中 层数　层				□国营 □民营	
备注:							

注:(1)餐饮平均上座率按全年平均计算,(中餐+晚餐)/总餐位。
(2)饭店面积中含配套的后勤区域面积,但不含外包区域面积。

第二章　饭店能耗的测评方法与影响因素
Chapter 2　The Evaluation Methods and Influence Factors of Hotel Energy Consumption

2. 能源结构情况

电价政策	电价 (元/kW·h)	热源种类	燃料单价 (元/＊)	供水类型	水价 (元/吨)
□峰谷电 □正常计价	照明： 动力： 亮化：	□煤　　□天然气 □市政蒸汽 □其他		□变频恒压 □高位水箱	
备注：					

3. 空调参数调查表

（1）空调主机

主机类型	品牌	主机型号	制冷量(kW)	装机台数(台)	最高开机台数(台)

注：主机类型填离心式制冷机、螺杆式制冷机、溴化锂吸收式制冷机等，同一种类和容量填一栏。如采用蓄冷式制冷，请单独说明，并注明具体分时电价。

（2）水泵

		功率(kW)	流量(m^3/h)	扬程(m)	装机台数(台)	最高开机台数(台)	是否变频
冷冻泵	1						□是　□否
	2						□是　□否
冷却泵	1						□是　□否
	2						□是　□否
热水泵	1						□是　□否
	2						□是　□否

注：冷冻泵为夏季循环水泵，热水泵为冬季循环水泵，同规格水泵只填写一栏。

(3)水系统及末端

有无水处理	最远末端至机房距离(m)	冷却塔至机房距离(m)	大空间末端控制类型	房间末端控制类型
□有 □无			□有温度自控 □手动控制	□有电动阀 □有温控风量开关 □只有风速开关
备注:				

注:最远末端至机房距离指最远端风机到冷水机组的距离,最长干管指各空调回路中最长的一路干管从冷水主机至主管入户点的距离。

(4)运行状况

夏季出水温度(℃)	夏季回水温度(℃)	冷却水出水温度(℃)	冷却水回水温度(℃)	冷冻泵出水压力(MPa)	冷冻泵回水压力(MPa)	冷却泵出水压力(MPa)
冷却泵回水压力(MPa)	夏季分水器压力(MPa)	夏季集水器压力(MPa)	冬季出水温度(℃)	冬季回水温度(℃)	热水泵出水压力(MPa)	热水泵回水压力(MPa)
冬季分水器压力(MPa)	冬季集水器压力(MPa)	备注:				

注:以上表格按夏季7、8月份,冬季1、2月份最大负荷日填写,并附空调运行记录表各一张。

第二章 饭店能耗的测评方法与影响因素
Chapter 2 The Evaluation Methods and Influence Factors of Hotel Energy Consumption

4. 热工信息调查表

热水运行温度(℃)	平均日用热水用量(吨)	竖向分区(个)	锅炉装机容量	锅炉结垢状况(mm)	是否实现冷凝水回收	每班排污时间(秒)	日均产汽量(m^3)

热水生产方式 □热水锅炉 □真空锅炉 □蒸汽换热 □空气热泵	备注:(分区压力及减压状况)	备注:

注:无蒸汽锅炉的,请在备注中说明厨房、洗衣房的供汽方式。

5. 用电信息调查表

单台变压器容量(kVA)	变压器台数	是否按使用负荷控制投运数	低压侧输出电压(V)	变压器是否并联运行	户外照明功率(kW)	户外照明使用时间(h)
		□是 □否		□是 □否		
备注:						

能管状况调查表

一、单位基本情况

填表人:_____ 日期:_____

单位名称:_____ 投资方:_____ 联系电话:_____

联系地址:_____

二、能管状况相关信息

1. 能管组织机构

饭店能源管理工作负责人及职务	
能源管理责任部门	
能管宣传员及职务	
能管检查员及职务	
能管考核员及职务	
经营部门经理在能管机构中的职务	□任能耗管理员　□不任职
各部门节能工作配合程度	□很好　□一般　□配合程度不高

注：以上相关人员填写职务时，请填写该人员在饭店内的实际任职情况，如"能管检查员"职务为：质培部主管、工程部主管等。

2. 能源统计考核状况

有无二级计量	抄表周期	数据上报周期	能耗分析周期	抄表方式	能耗数据上报方式	是否有能耗分析汇报制度
□有 □无	□日 □周 □月	□日 □周 □月 □年	□日 □周 □月 □年	□手工 □自动	□口头 □书面	□有 □无 □不确定
经营部门通过何种形式了解能耗	是否有能耗考核制度	能耗考核方式		能耗考核周期	能耗考核范围	
	□有 □无 □年底看效益	□资金考核 □仅作为工作绩效评定依据		□月 □年	□高层管理者 □部门经理 □班组长 □更细	

注：(1) 二级计量为除收费表以外的、可考核部门能耗的表计，如厨房或洗衣房等单独的考核表计，并非指外包区域的计费表计。

(2) 数据上报及分析周期指形成系统化的能耗分析材料及上报上级部门的周期，汇报分析制度指通过会议的形式，分析讨论能耗情况及节能减排措施。

3. 设备运行管理制度

中央空调运行流程	□有 □无	蒸汽系统检查标准	□有 □无
中央空调变水温运行标准	□有 □无	蒸汽运行标准	□有 □无
公共区域空调运行温度标准	□有 □无	锅炉设备水处理保养标准	□有 □无
新风机组变风量、分时运行标准	□有 □无	热水水温控制标准	□有 □无
集中排风运行标准	□有 □无	热水控制压力标准	□有 □无
空调末端设备检查保养标准	□有 □无	公共区域水流量标准	□有 □无
中央空调主机检查保养标准	□有 □无	客房水流量标准	□有 □无
中央空调末端控制检查、保养标准	□有 □无	配电房运行标准	□有 □无
中央空调水处理流程	□有 □无	户外照明运行标准	□有 □无
锅炉运行流程	□有 □无		

注：以上运行制度及流程指通过书面的形式经总经理审批并全饭店执行的规章。

4. 其他能管制度

饭店是否有定期节能宣传	
客用区域是否有节能提示标志	
是否有专职部门或人员检查节能制度的落实	
经营部门有哪些节能降耗制度：	检查记录通过何种形式公示或上报：

年能耗调查汇总表

单位名称：　　　填表人：　　　统计周期:20 年 月~20 年 月　　　联系电话：

月度	电耗(度)				电费(元)				水耗(吨)	水费(元)	燃料(*)	燃料费(元)	能耗费用(元)	宾馆营收(元)
	照明	动力	亮化	合计	照明	动力	亮化	合计						
1														
2														
3														
4														
5														
6														
7														
8														
9														
10														
11														
12														
合计														

注:如照明、动力、亮化未细分,则在照明栏内填写总电耗,燃料一栏请按实际能源种类及其计量单位填写,如"天然气(m^3)"。

第三章　饭店能源管理措施

经营中的饭店需要从能源管理体制、能源管理制度、经济运行策略等几方面入手,制定能源管理措施,及时运用先进节能技术、改造不合理设备、重视环保,不断提高能源的"转换和输送效率"及能源"使用效率"。

第一节　能源管理体制与方法

一、能源管理体制

关于饭店的能源管理体制,需重视如下几点:一是要树立全员节能意识。节能降耗应是饭店的整体行为,工程管理部门应是重要的执行者,而不是唯一的管理者。二是能管制度的制定必须科学、合理。节能不能影响服务标准,能管制度应形成详细的程序或标准。三是相应的部门应有一定的管理及考核指标。仅仅依靠节能技术还不能真正保证饭店节能降耗工作的顺利进行;只有通过科学的管理,才是先进技术得以充分利用的保障。节能减排是要在准确有效地保证营业要求和使用效果的前提下将消耗降到最低,而不是以降低服务标准来达到节能目的。

(一)制定并执行严格的能源管理制度

节能降耗要以饭店管理制度为保证,坚持在不降低对客服务标准的前提下降低能耗。

第一,要对节能降耗工作给予足够的重视,要求全体员工都重视起来,全员贯彻,有必要成立以总经理为第一负责人的节能领导小组,设立专职的节能管理办公室,具体负责企业所有节能降耗工作的全面开展,并督导节能工作的实施。

第二,实施节能减排标准化管理。根据饭店存在问题,制定总体目标和具体的实施方案,明确饭店各部门的管理职责,制定一整套相关的管理程序和运行标准,对运行的全过程进行有效控制。

第三,制定严格的节能降耗实施细则,诸如人走关灯、关空调、关电脑;对能源设备的使用管理职责落实到所属部门,即能耗设备在哪个区域,就由哪个区域管理部门负责节能管理。同时要求各部门设立专职节能降耗管理员,责任到人。使饭店内所有员工都行动起来,在全饭店树立全员节能意识。

第四,制定能耗计量与统计制度。建立能耗设备分类台账,分部门、分区域安装水、电、汽计量仪表。对关键部门(用能耗较大的区域,如锅炉房、洗衣房、冷水机组等)单独计量。通过统计数据准确掌握饭店能源消耗情况、设备运行效率等,并在此基础上制定饭店能源管理计划和措施。

第五,强化能耗分析工作制度。定期召开节能降耗工作例会,与饭店的经营成本分析结合起来,对饭店的能源使用情况进行通报,由节能管理办公室对实际能源消耗量进行分析,通报饭店内所有区域节能检查情况,并对违规现象予以批评和处罚,严格约束员工在工作中使用能源的行为,促使各部门加强日常管理。

例:某饭店节能措施实施办法(节选)

1.能源管理机构

饭店成立以总经理为组长的节能领导小组,负责制定和监督执行饭店能源管理制度、节能减排培训与宣传、定期能源分析、节能减排检查和奖惩等工作。

(1)制定饭店能源使用管理制度

主要包括工程部各系统设备的节能运行制度、各部门的能源设备使用管理制度等,旨在保证能源的"输配效率"和"使用效率"。

(2)建立能源使用的巡视检查制度

饭店能源使用的巡视检查制度用于发现设备使用和运行中存在的"跑"、

"冒"、"滴"、"漏"现象,减少能源浪费。例如"长明灯"、"长流水",不按规定使用空调、照明等现象。并对相关部门和人员进行必要的警告和处罚。

(3) 定期能耗分析

每周对饭店能耗进行分析,防止"漏水"、"跑电"等现象;不断查找系统中存在问题、改进运行方式;定期通报全饭店能源使用情况。

2. 各部门基本责任

(1) 各部门经理是本部门节能工作的第一责任人,应带头并督促员工做好节能减排工作。如不要让办公室设备(电脑、打印机、复印机、开水炉等)长时间处于待机状态(检测表明,电脑显示器等设备的待机电耗为工作电耗的12%~20%)。

(2) 各办公室、宿舍等后台工作场所由各隶属部门负责管理,室内的采暖空调温度应控制在18℃,制冷空调温度控制在26℃。保持门窗关闭、室内无人的情况下要做到随手关灯、关空调。

(3) 空调开启时,员工出入饭店各区域,必须随手关门,避免能源浪费。

(4) 饭店各区域的照明、空调等开、关及参数设定,由各相关部门按本规定执行。

3. 空调节能措施

(1) 对空调盘管定期清洗,冷冻机组定期进行除垢,提高传热效率。

(2) 定期对冷水机组及其附属设备、空调水系统等进行维护保养,保证其运行效率。

(3) 在过渡季节,充分利用户外新风,尽量减少空调能耗。

(4) 开窗时不得使用空调,客房服务员做房、餐厅服务员在餐前准备时,空调温度标准:夏季26℃,冬季18℃。

4. 电梯节能措施

(1) 工程部对饭店电梯设专人管理,针对饭店电梯使用情况做好常规检查,维修保养,定期报检的各项记录,确保安全无故障。

(2) 员工乘梯时严禁挡门、等人、返乘梯等。

（3）员工在无负重的情况下，上一层、下二层不可乘坐电梯。

5. 节电措施

（1）各后勤岗点下班时随手关灯，关电脑。

（2）工程部负责通过安装声控、红外线等方式控制走廊照明灯。

（3）餐饮包厢备餐时开启工作灯，开餐后开启主灯光。

（4）一层雨棚灯开关时间为：

冬季17:00（开）~次日5:00（关）；24:00后，关闭其中两组。

夏季18:00（开）~次日3:00（关）；24:00后，关闭其中两组。

（5）客房楼层照明：白天开一组照明灯，夜间24:00以后关停一半。

6. 冷热水节约措施

（1）工程部巡视员按规定时间巡逻各设备间，认真填写运行记录，将热水水温控制在50℃~55℃。

（2）各部门加强管理，避免各类能源浪费现象，如发现设备故障，及时向工程部报修。

（3）洗菜时，尽量用容器进行清洗，做到随用随开，使用后及时关闭；严禁"长流水"现象。

（二）饭店员工培训和管理

要使全体员工树立节能意识，营造节约资源的氛围。饭店是能耗大户，节能工作涉及每个部门、每位员工。只有每位员工都能牢固树立节约意识，饭店的节能减排工作才能收到实效。为此，饭店应该重视宣传教育，提高员工对节能降耗工作重要性的认识，定期对员工进行设施设备使用方面的业务培训和相应的考核。

转变"节能环保是少数人、个别部门的事"的观念，提高全员的节能环保意识。要在加强管理、落实各项节能降耗规章制度的基础上，积极鼓励员工开展节能降耗的思路创新、方法创新和技术创新。

对员工节水、节电行为实施制度化监控。饭店在员工浴室管理中加装水控系统,每位员工每月规定洗浴标准,刷卡洗浴,使员工从主观上增强节水意识。规定在厨房加工过程中杜绝用"流水融冰"、"流水洗菜"等措施来有效节约水资源。对饭店大部分客用公共卫生间和所有员工卫生间都加装感应水龙头,减少水耗。

(三)构建节能服务体系

饭店应着力构建规范性节能服务体系和引导性节能服务体系;应分析、研究设施设备运行操作、服务流程等环节中影响能耗的规律,制定具体、详细的服务标准、操作程序,形成饭店的规范性节能服务体系。引导性节能服务是指在服务中通过适当的方式对客人的消费方式、习惯等进行引导,达到节能减排目的。饭店需要对服务项目和服务过程进行研究。比如在客房内放置的"节能环保卡"中,可以写上"如果不换床单、被套,可免费洗一件衬衫",即采取奖励的方式,引导客人积极配合;客房里可以不再配置一次性生活用品,而这部分用品的费用直接从房价中剔除,顾客只需要为住宿支付基本房价,对于一些没有携带生活用品的顾客,饭店可准备不同标准及价格的生活用品包供其自选。在餐饮服务中,服务员应及时提醒客人所点菜品是否过量,因为剩食打包服务虽然节约,但打包所用的快餐盒和塑料袋是高碳和污染环境的[①]。

(四)合同能源管理

对于众多单体饭店而言,节能减排工作主要面临两大难题:一是节能改造所需资金较大,二是实施有效的能源管理和技术改造对专业水平要求较高。因此,对于许多饭店来说,合同能源管理(EMC)不失为一种可选途径,合同能源管理是依据节能服务公司(EMCO)与客户签订的节能服务合同,在客户没有资金投入的前提下为客户提供综合性的节能服务,使客户达到节能降耗和降低能源成本的目的,并通过与客户分享节能收益、回收投资并获取回报的一种新型市场化节能机制。根据合同,节能服务公司需为客户提供能源审计、项目论证、项目设计、项目融资、设备采购、工程实施、设备安装调试及技术培训等。

目前合同能源管理市场主要有三种类型:一是节能效益分享型,即由节能服

---

① 阮立新. 低碳经济背景下的饭店管理方略. 江苏商论,2011(9).

务公司提供资金和全过程服务,在客户配合下实施节能项目,在合同期间与客户按照约定的比例分享节能收益;合同期满后,项目节能效益和节能项目所有权归客户所有。二是节能量保证型,即客户分期提供节能项目资金并配合项目实施。节能服务公司提供全过程服务并在合同中承诺节能项目的节能量,且节能量效益能够弥补所有项目还款额和一切为节能服务公司提供的检测、检验、运行与维修服务费用。如果项目没有达到承诺的节能量,按照合同约定由节能服务公司承担相应的责任和经济损失。如果实现的节能量效益超过项目还款额,客户和节能服务公司可以共享超额收益。三是能源费用托管型,即客户委托节能服务公司进行能源系统的节能改造和运行管理,并按照合同约定支付能源托管费用;节能服务公司通过提高能源效率降低能源费用(扣除新增的管理费用),并按照合同约定拥有全部或者部分节省的能源费。

目前,节能效益分享型项目仍是主流,能源费用托管型项目主要在饭店业有增长趋势。在时间上,节能效益分享型项目的分享期限有延长的趋势,平均超过4.5年,最长超过10年;能源费用托管型项目的托管期普遍较长,平均超过10年,最长为15年。

二、能耗监测管理系统

(一)能耗监测管理系统的目的

饭店建筑节能的目标是降低实际运行过程中的能源消耗,因此,节能最基础的工作,就是了解各区域到底消耗了多少能耗、消耗在什么用途上。没有对实际用能数据的全面掌握,就无从谈"以用能数据为导向的节能",其结果有可能使得饭店节能变为攀比"最新节能技术"的使用数量,把节能工作引入歧途。

饭店的建筑功能复杂,用能系统繁多;不同的用能途径对应着不同的用能系统,不同的用能系统又由不同的运行管理主体负责。只对整个饭店的总能耗进行计量,很难分清各个用能系统的实际能耗状况,从而也就不能有效地管理和指导具体的节能工作。例如在调研中,当了解到饭店的日用热水量、日蒸汽耗量、员工浴室每日的能耗等数据时,许多饭店都是一笔糊涂账,更不用说通过运行方式的调整和节能技改可降低蒸汽用量的综合单价多少、每客餐饮耗能是否合乎标准等具体参数。因此,只有根据用能系统的性质和所属的管理部门,对各用能子系统的用能情况进行分项计量,才能了解各用能子系统的真实能耗状况,也才能更好地根据实际能耗情况,开展相应的节能管理和节能改造工作。

(二)饭店能耗监测管理系统的发展及目前状况

江苏饭店行业的能耗监测管理系统发展,最早起步于20世纪90年代,方式主要是以部门分项,最初的目的主要是提高部门管理人员的节能意识,但由于系统复杂,往往一个部门需安装好几块计量表,才能计量清楚,且安装的计量表位置大多不理想,采用人工抄表的方式所耗人工量很大,一般从抄表到统计需要半天时间,这就导致能耗分析不及时,且也无法反映诸如热水单价、空调单价等最直接的参数。通常只可以得到部门的能耗,但无法解决部门内部的大锅饭问题,所以抄表周期从最初的每天到每周,再到每月,逐步失去了分项计量能耗管理及时性这一基本作用。

第二代能耗监测管理系统是在2008年后,响应住建部关于公共建筑能耗监测管理系统的要求而兴起,由于安装该系统可得到相应的节能资金补贴,又是基于网络技术的自动抄表系统,省去了人工抄表的烦琐,所以饭店行业较乐意接受。另外,第二代能耗监测管理系统是按"大型公共建筑分项能耗数据采集技术导则"为主要构架的,分项的要求主要是电能划分,分项的目的主要为得到各类电能的分项数据,如照明、动力、空调、特殊用电四项,这些要求虽然对于饭店也有较积极的意义,但从饭店能源管理上讲,并未完全打破"能耗大锅饭",没能直接提高基层管理者的节能意识。

第三代饭店能耗监测管理系统是在第二代的基础上,针对饭店开发的系统,其计量方式除满足住建部要求外,增加了冷热水、蒸汽等计量设备,采用独立的后台能源管理软件,能耗计量细分至相应的职能班组,解决了部门内部的"大锅饭"问题。某饭店完成该系统安装后,从后台管理软件可看到各部位精确的水、电、空调、蒸汽等费用;且可以直观体现运行方式的改变或节能技改对能耗的影响,软件对各类能耗的综合单价进行分析,从实际运行参数可以发现饭店的综合能耗单价是在一直变化的;另外,实时的各区域能耗与指标值的对比及预警功能可及时提醒各级管理人员,大大提高能源管理的及时性和管理效率。

(三) 能耗监测管理系统的作用

能耗监测管理系统本身并不节能,只是一种促进"行为节能"的工具,只有运用得当才会产生节能效益。从另一个层面上讲,它又是节能工作的基础,是能源管理工作数据化、科学化的基础。经过对饭店能耗的分析发现,影响饭店能耗的重要因素为二次能耗量[①]和二次能耗综合单价[②]。对于同一地区同规模的饭店,综合能耗单价的差异比二次能耗量更能影响饭店的能耗控制与管理,而通过合理的分项能耗管理可以帮助管理者分析各类能源的转换效率、提高管理水平,减少二次能耗量的消耗,并通过分析比对,采取针对性措施,降低和控制二次能耗综合单价。

(四) 饭店能耗监测管理系统实例分析

表3-1是通过分项计量采集的北京市某饭店的各项能耗数据,图3-1为江苏某饭店各部门二次能耗费用及比例图,从中可准确地掌握饭店各区、部分的实际能源消耗。表3-2、图3-2和图3-3为江苏某五星级饭店采用能耗监测管理系统后,2011年度餐饮部各班组(岗位)的能源消耗及其费用情况。

表3-1 通过分项计量采集的北京市典型饭店的能耗参数

项目	耗量	单位
总电耗	134	$kW \cdot h/m^2 \cdot y$
空调系统电耗	59	$kW \cdot h/m^2 \cdot y$
照明电耗	18	$kW \cdot h/m^2 \cdot y$
室内电气电耗	15	$kW \cdot h/m^2 \cdot y$

① 二次能耗:是指各部门、各区域设施设备运行中所实际产生的各类能源消耗。
② 二次能耗综合单价:是指各部门、各区域所发生的二次能耗费用与相应的系统(设备)商品能源的消耗之比。二次能耗综合单价反映了机电系统及设备在能源转换和输送过程中的实际效率。

续表

项目	耗量	单位
电梯电耗	3.0	kW·h/m².y
给排水电耗	3.0	kW·h/m².y
采暖耗热	0.4	GJ/m².y
生活热水耗热	12.3	GJ/m².y

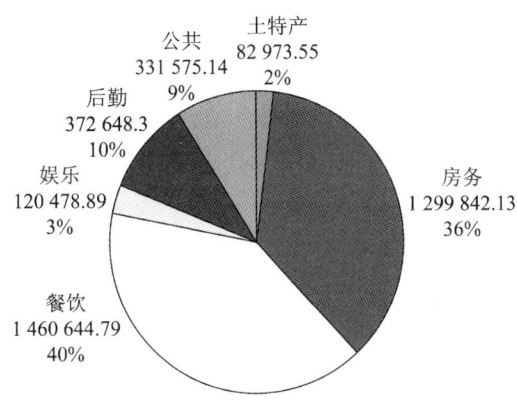

图3-1 江苏某饭店各部门二次能耗费用及比例图

从表3-1、图3-1可以看出,空调系统的耗能量最大,餐饮及客房为饭店能耗最大的部门,虽然餐饮总面积比客房小,但年总能耗费用却高于客房。

表3-2 江苏某饭店餐饮部各部位二次能耗费用表(2011年)

部位	冷水(元)	热水(元)	电(元)	蒸汽(元)	合计(元)
洗碗间	1713.59	104 121.8	8209.38		114 044.8
初加工	4800.8	59 168.23	3755.99		67 725.02
冷库			18 673.47		18 673.47
中心厨房	8027.19	42 904.29	165 232.1	333 220.6	549 384.1
西厨房	2128.87		43 824.9		55 939.84
宴会厨房	1124.9	5204.46	25 447.15	20 538.57	52 315.08
八楼厨房	141.47		28 619.24		28 760.7

续表

部位	冷水(元)	热水(元)	电(元)	分体空调(元)	空调费用(元)	蒸汽(元)	合计(元)
职工餐厅	13 599.22	76 765.82	30 717.26		6158.3	59.02	127 299.6
中餐厅			60 801.5	7282.1	70 498.76		138 582.4
自助餐厅			26 156.25		94 239.86		120 396.1
多功能厅			9865.51		96 354.57		106 220.1
聚会厅			12 495.19				12 495.19
会议区			8352.24		41 064.03		41 064.03
八楼餐厅			9740.25	18 004.14			27 744.39

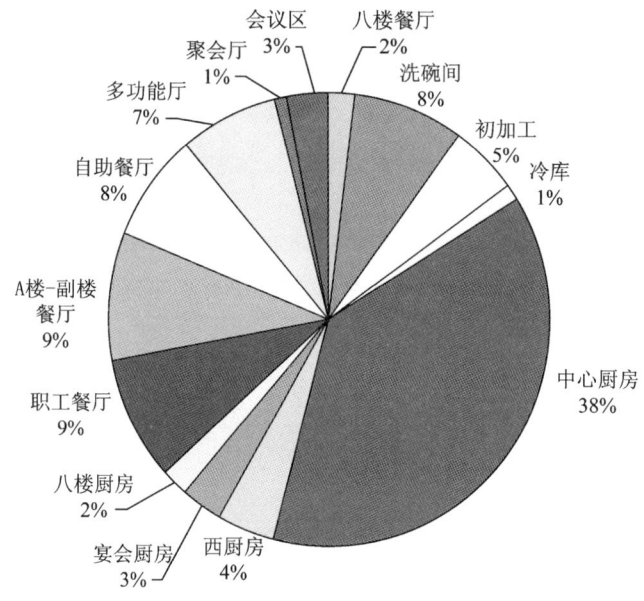

图 3-2　餐饮部各部位二次能耗费用比例图

从表 3-2、图 3-2 分析可以看出，中心厨房、职工餐厅、洗碗间、中餐厅及豪华餐厅区域是餐饮部高能耗区域，应列为能耗重点控制对象，尤其是洗碗间、初加工、中心厨房、员工餐厅等热水消耗量较大，且有节能空间，应作为节能的重点区域。

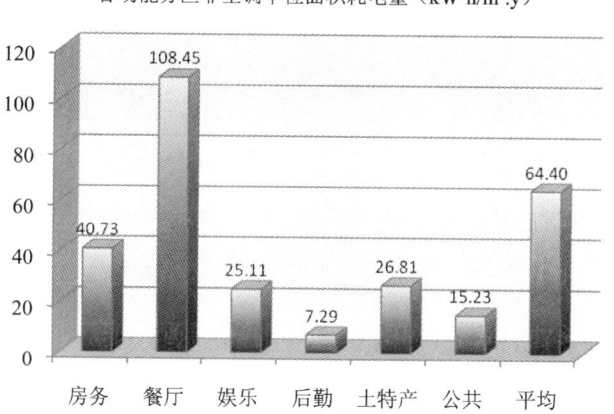

图3-3 各部门电耗密度

从图3-3分析得出:餐厅、厨房区域虽面积远不及客房,但该饭店2011年餐饮区域每平米耗电量(除空调外)达到客房的2倍多。由此也可以得出,饭店的餐饮和客房面积比对饭店整体能耗指标的影响也较大,但由于所调研企业中,只有个别饭店进行了各区域的能耗计量,无法取得足够的数据支撑,故暂不作深入研究。

第二节　节能运行与设备维护

一、节能运行

运行是指工程部对既有系统及设备的运行操作,其目标是在保证饭店正常经营和服务标准的前提下,尽可能降低能耗。要实现这一目标,工程部员工必须掌握相关系统及设备的工作原理和特点,制定出相关的运行操作程序,即"节能操作规程"。由于各家饭店的情况有一定差异,较难形成具体、统一的规范,因此,工程部应在运行管理中,不断摸索和总结,制定适合本饭店实际的节能操作规程。以制冷系统为例,对运行操作中一些常见的问题进行分析和说明。

(一)冷水机组运行操作

冷水机组运行的标准工况是7℃出水、12℃回水,供回水温差为5℃。对于同一台制冷机来说,在其运行条件不变、外界负荷一定的情况下,其制冷量是一定的。此时,通过蒸发器的冷冻水流量与供、回水温差成反比。即冷冻水流量越大,温差越小;反之,流量越小,温差越大。所以说,冷水机组工况规定的供回水温差5℃,实际上是决定了冷水机组的冷冻水流量。在一些饭店企业的实际运行中,制冷系统及冷水机组的运行操作,往往存在着以下误操作:

(1)一些操作人员在开机时,未先将停运机组蒸发器上的进出水阀关闭,或在调整系统压力时,将停运机组蒸发器上的进出水阀打开。此时,由于两台机组均有冷冻水流过,则运行机组的水流量减半,经冷水机组降温后,与流经停运机组的冷冻水在出水总管汇合后送出,水温必然偏高。由于这种误操作人为地造成冷冻水水温升高,结果是使得各空调区域的制冷效果受影响,空调机组及风机盘管运行时间增加。另一方面,由于流经运行机组的水量减少了,其出水温度自然会低一些,往往给操作人员带来错觉,认为机组的制冷效果不错。而实际上由于回水温度上升,必然延长了机组的运行时间,增加电耗。

(2)出现上述误操作后,运行机组的蒸发器进出水压力降肯定会减小。有的操作人员不是将停运机蒸发器的进水阀关闭,而是错上加错,采取增开一台冷冻水泵的操作方法。增开水泵后,虽然提高运行机组的进出水压力降,但增开冷水泵完全没有必要,造成无效功耗。

出现这些问题的原因是多方面的:一是因为员工对冷水机组及系统运行不了解、技术水平较低,仅仅满足能开机、停机。二是操作人员怕麻烦,不愿去调节水阀,怎么方便就怎么操作。三是有的操作人员甚至管理人员误认为增加冷冻水压就必然增加制冷量。

(二)冷却水系统的操作

运行中的冷水机组,在运行条件、负荷固定情况下,冷凝热负荷也为定值。而冷却水进、出水温差为5℃,则冷却水量必然也为一定值。而且该流量与进出水温差成反比。在冷却水系统的实际操作中，往往存在着以下问题：

(1)开机前未将停运机组上冷凝器的进水阀关闭，造成蹿水。使一部分冷却水从停运机组冷凝器中流走，减少了运行机组冷凝器内的冷却水流量。结果造成冷凝压力上升，主机的运行电流增加，机组的制冷量下降，严重的还会使机组停止运行，既浪费电，又降低了制冷效果。

(2)由于上述的误操作，主机的冷凝压力和冷却水出水温度升高。给操作人员造成误判断，误认为是冷却水量不够而开大冷凝器进水阀和冷却水泵出水阀，有的则增开冷却塔风机，造成水泵、冷却塔风机耗电增加。情况更严重的是，盲目地去增开一台冷却水泵。虽然增开冷却水泵的确可降低冷却水温和冷凝压力，但却白白地增加了水泵的能耗。

(三)冷却塔的操作

在冷水机组开机时，由于主机负荷大，冷凝压力高，所以一般操作大都会采取开一台制冷机时开二台冷却塔风机的做法(多开一台冷却塔风机)，待机组负荷降低后，再关一台冷却塔风机。这种做法是合理、有效的。但一些饭店实际运行中的问题是关闭冷却塔风机后的操作没有跟上，造成浪费。问题分析如下：

冷水机组的冷冻水泵、冷却水泵、冷却塔及冷却塔风机，都是根据设计来匹配的。本来一一对应、正常运行，为了尽快降低主机负荷，临时增开一台冷却塔风机，增加散热，其实际出水温度一般比用一台冷却塔风机时大约低2℃。当主机负荷降低后，再开两台冷却塔风机已是浪费。问题在于关闭一台后，其进出水阀没有关闭，流经的冷却水实际未被冷却，与运行的冷却塔出水汇合后，进入冷凝器，其水温升高，必然导致制冷机冷凝压力升高、主机耗电量增加。不少操作人员都是把所有冷却塔进出水阀全部打开，而冷却塔风机根据需要开、停。人们往往注意的是冷却塔风机的耗电，而忽视了冷却水温的提高而恶化了机组运行条件。究其主要原因，一是冷却塔一般安装在屋顶或远离主机房的地方，操作起来不方便，员工怕麻烦。二是相当一部分操作人员没有考虑节能方面的问题，而只考虑冷却塔的正常运行。实际上，冷却塔虽然是制冷系统中的附属设备，但却直接关系到整个空调系统的制冷效果和节能运行。应引起有关操作人员和管理人员的高度重视。

(四)其他运行节能措施

制冷及空气处理过程实际上是一个热交换过程。如:末端空调机组、风机盘管内的冷冻水与室内空气的热交换,制冷机蒸发器内冷冻水与制冷剂的热交换,制冷机冷凝器内冷却水与制冷剂的热交换,冷却塔内冷却水与户外空气的热交换等。一切有利于提高热交换效率的运行与维护管理措施都是节能的。另外,根据实际需要、气温变化等因素,尽量减少空调和冷水机组运行时间等也是节能运行的基本原则。

(1)夏季早晨室外气温较低、空气新鲜,而室内气温较高;可利用空调新风机送风约一刻钟。既可降低室温,减少制冷负荷,又能提高室内空气质量。

(2)根据季节、气温等外界条件,设定冷水机组出水温度,尽量保持相对较高的冷冻水出水温度。比如:夜间至早晨冷水机组出水温度设为$8.5℃$,白天设为$7.5℃$。

(3)根据气温的变化和空调负荷的变化,适时增开或关、停冷水机组,在满足空调需求的前提下,尽量少开机组和减少机组的运行时间。

(4)掌握饭店空调使用规律,把握最佳的开、停机时间。比如在3月份至5月份、10月份至11月份期间,气温不太高、只在中午和晚上用餐期间需要空调时,工程部应该掌握运行规律,提前关停冷水机组,而让冷冻水泵继续运行,充分利用冷冻水的冷量。

(5)运行中,密切关注冷冻水的进出水温差,适时地增开、关停冷水机组(包括相应的冷冻泵、冷却泵、冷却塔风机及其进出水阀),以免产生浪费。

(6)重视冷冻水、冷却水的水质,做好水处理工作。保证冷凝器、蒸发器内不结垢、无污物,以免影响冷凝器、蒸发器的热交换效果,增加主机的耗电量。

二、设备管理与维护

机电系统及设备维护保养的作用之一就是保证其运行效率、减少无功消耗。

饭店必须充分重视此项工作,并给予费用保证,这不仅有利于节能,同时,也有利于系统及设备运行的可靠性和使用寿命。对于设施设备维护保养工作多数饭店都在进行,问题在于计划是否有疏漏以及执行过程是否规范。工程部应制订科学、合理和详细、完整的维修计划(部分设施设备计划维修表见附表),并保证计划的实施。这里以空调系统维护保养为例作简单说明。

空调系统的维护保养分为日常维保和计划保养,日常维保主要是指在日常工作中对各机房、系统和末端设备等进行的以检查、维护为主的巡检工作;计划保养则是指对设备进行的定期拆检、保养。维护保养的内容包括:冷冻、冷却水系统,冷却塔、新风机组、风机盘管、风管系统及水泵等;冷水机组的维保内容需根据其设备类型,部分饭店是交由专业公司完成。工程部必须根据饭店的经营要求,制订完整的年度、季度、月度和日常的保养计划。

(一)日常维护保养

系统及设备日常维护的基本要求可概括为:整齐、清洁、润滑、安全和完好。

1. 整齐

"整齐"体现了管理水平和工作效率。饭店内所有设备和机房都必须保持整洁、整齐,工具、附件等也要整齐放置;设备的零部件及安全防护装置要齐全;设备的各种标牌要完整、干净,各类线路、管道要安装整齐、规范。

2. 清洁

设备的清洁是为设备的正常运行创造一个良好的环境,以减少设备的磨损。因此,必须保持机房内设备周围的场地清洁,不起灰,无积油,无积水,无杂物。设备外表清洁,无锈斑,各滑动面无油污;各部位不漏油,不漏水,不漏气,不漏电。

3. 润滑

保持油标醒目,保持油箱、油池的清洁,无杂质;油壶、油孔、油杯、油嘴齐全,油路畅通;每台需要润滑的设备都应制定润滑检查制度,按质、按量、按时加油或换油。

4. 安全

遵守设备的操作规程和安全技术规程,防止人身和设备事故;电气线路接地要可靠,绝缘性良好;限位开关、挡块均灵敏可靠;信号仪表要指示正确,表面干净、清晰;各类易燃物品有专人管理;登高梯等辅助工具安全可靠。

5. 完好

主要指系统及设备的运行状况能否满足要求,检查有无异常现象、振动,各类仪表读数是否正常等。设备的完好,是设备正确使用、精心维护的结果,也是设备管理的目标之一。

(二)计划保养

计划保养工作相对日常维保来说要复杂得多,工作量也较大。同时由于系统的停机时间较短,因此,工程部必须制订合理、完整的保养计划,在短暂的换季期间对系统及设备实施保养工作。当然,工程部可根据自身情况,将部分维保工作外包,由专业公司完成。

1. 水系统的清洗保养

空调冷冻水、冷却水的化学水处理是最常见的保养方法。有效的水处理能很好地解决系统中腐蚀、结垢及菌类、藻类的滋生问题,对保证系统运行效率和使用寿命十分重要。需要说明的是各饭店需根据当地水质及系统的运行情况,配制药剂和投加量,满足冷冻水、冷却水的水质标准要求。

(1)冷却水系统

①用清水冲洗系统,开泵运行,如循环冷却水系统浊度较高时,则进行排水置换。目的是为了清除系统中的杂质和悬浮物。

②杀菌灭藻、清洗预膜。通过冷却塔投药,运行48小时。此阶段禁止排水,连续运行。目的是清除系统中的菌藻,净化金属表面,在金属表面形成一层保护膜,以达到防止腐蚀的目的。

③投加缓蚀阻垢剂。通过冷却塔一次性投加。

④投加杀菌灭藻剂。通过冷却塔投加,一般2~3周投加一次。加杀菌灭藻剂时,先清理冷却塔塔池,大量排污后,再加入杀菌灭藻剂,维持6~8小时不排污。

(2)冷冻水系统

①清水冲洗。系统充满水后,开泵运行,如冷冻水浊度较高时,则进行排水置换。目的是清除系统中的杂质和悬浮物。

②投加清洗预膜剂。通过膨胀水箱投加,运行48小时。此阶段禁止排水。目的是净化金属表面,在金属表面形成一层保护膜,以达到防止腐蚀的目的。

③投加缓蚀剂。通过膨胀水箱投加。药剂一次投入系统,运行24小时后分析药剂浓度。每隔2~3周分析系统中药剂浓度,根据需要确定补加药剂的量。

(3)水管系统的维护保养

①每两个月详细检查一次管道系统中的自动排气阀的动作情况,对动作不灵的要修理或更换。

②每三个月拆开、清洁一次水泵吸入口处的水过滤器。

③每半年检查一次水管保温层或保护层,脱落或破损的要及时补好。

④每半年对阀门加注一次润滑油,同时对不经常活动的阀门要手动几个来回,防止锈死。

⑤每年检查一次电磁阀和电动压差调节阀。

⑥每年清洁一次膨胀水箱,并对箱体及钢架结构基座进行一次除锈刷漆。

⑦每年检查一次水管系统的支承构件,损坏的要修复,松动的要紧固,锈蚀的要除锈刷漆。

2.风机盘管的清洗(通常情况下,每年清洗一次)

(1)拆下风机盘管。

(2)清洗风机扇叶。

(3)视电机运转情况,决定是否加注润滑油。

(4)盘管翅片清洗:取下盘管,用喷壶把清洗剂喷洒在翅片上,用水枪冲洗翅片。

(5)取下回风过滤网,用水清洗。

(6)清洁风机盘管托盘,疏通排水管。

(7)检查电磁阀开关的动作情况,不正常或控制失灵要及时修理或更换。

3.冷却塔停机后的清洗、保养

(1)检查冷却塔主水管、分水管、喷头有无缺陷,及时进行维修、固定;彻底清除布水管及喷头内部的污物,以保证水管畅通。

(2)彻底冲洗冷却塔水盘及出水过滤网罩,避免水垢污物积存堵塞管道。清洗完毕应打开泄水阀门,放尽水盘内积水,以免冻坏。

(3)检查水盘、塔脚是否漏水,如有漏点,及时补胶。

(4)清洗冷却塔所有换热材料(填料),彻底清除水垢污物,保证换热材料的洁净。

(5)检查电机及传动系统是否完好,测试电机的绝缘情况。

(6)检查塔体外观及部件是否完好无损,必要时进行修补、重新紧固各部位螺栓、除锈刷漆。

4.水泵的维护保养

(1)日常检查轴承的润滑油位情况,缺油时要及时添加;注意紧固松动的地脚螺栓和连接螺栓的螺母;每天检查轴封(盘根)是否漏水,随时进行调整和损坏更换。

(2)每月检查机械密封,检查电机的轴承、泵体内轴承,必要时添加润滑油;检查电气线路、电控箱内各部件是否完好。

(3)每年进行一次解体清洗,发现有损坏的零部件要予以更换。

(4)视情况一至三年对泵体刷一次油漆。

5.风管系统的维修保养

(1)每季度检查各种风阀的灵活性、稳固性和开启的准确性,并进行必要的润滑和堵漏。

(2)每季度对送回风口进行一次清洁和紧固,带过滤网的风口要两周清洁一次过滤阀。

(3)每半年检查一次风管保温层或保护层,脱落或破损的补好,开胶的重新粘好。

(4) 每年检查一次风管系统的支承构件,损坏的要修复,松动的要紧固,锈蚀的要除锈刷漆。

(5) 风管与风柜间的软接头每半年检查一次,有损坏要及时修补。

第三节　节能改造

由于江苏乃至全国大多数饭店均不同程度存在设计及建设过程专业化水平不高现象,致使饭店投入使用后因系统设计不合理导致能耗过高。此外,随着科技的进步,节能技术及节能型设备也在不断成熟。因此,经营中的饭店需针对其实际问题,及时、有效地进行节能改造,这对于降低运营成本、增加企业经营利润意义十分重大。

一、空调系统节能改造

空调系统通常占饭店总能耗的50%左右,同时,由于在设计建设中的"不准确"、"不精确"以及各类节能技术发展和不断成熟,该系统是饭店节能改造的重点。下面以冷水机组冷凝热回收为例加以介绍。

(一) 冷水机组热回收方式及特点

冷水机组热回收是指将制冷机在冷凝时排放到空气中的热量,采用余热回收的方式加以利用,即在压缩机和冷凝器之间安装一个热回收装置,使压缩机排放出来的高温高压气体,先通过热回收装置,将自来水加热供客房等区域使用,实现废热利用目的。根据能量守恒原理,制冷循环中制冷量与压缩功之和等于冷凝器的散热量。通常冷凝热负荷为制冷量的1.2~1.4倍,这部分余热是由冷却水泵带走、冷却塔散发掉了。如果采用热回收系统,不仅可以节省大量能源,同时也可以减少冷凝热负荷对环境造成的污染。

目前采用的热回收方式主要有两种:一种是部分热回收(也称显热回收),另一种是全部热回收(也称潜热回收)。

1. 部分热回收方式

高温高压的制冷剂蒸汽在冷凝器中一般要经历三个阶段,即"过热段"、"凝结段"和"过冷段"。部分热回收是指仅仅回收过热段部分的热量,这时蒸汽不发生相变,因此又可称为显热回收。部分热回收的特点是:

(1)热回收的比例不大,通常为制冷量的10%~20%。

(2)热回收的温度不高。对于水冷机组,最高出水温度在50℃~55℃;对于风冷机组,由于其冷凝温度和过热度一般要高于水冷机组,因此最高出水温度可达60℃~65℃。

(3)对冷水机组的性能(COP)有一定影响;由于一部分热量被热水带走,相应地减少了冷凝器的换热量,这会有助于增加冷媒的过冷度,有利于提高机组的运行效率。

(4)与常规机组相比,热回收所增加的成本较少。

2. 全部热回收方式

如果将"凝结段"和"过冷段"的热量进行回收,则称为全部热回收(也称潜热回收)。其特点是:

(1)热回收比例较大,通常可达60%以上。

(2)热回收的温度较高。

(3)为保证回收温度和回收量,通常要提高冷凝温度,从而对机组的性能(COP)影响较大。

(4)与常规机组相比,成本增加较大。

(二)系统设计

热回收系统有直供式和循环式两种形式。

1. 直供式

是指将自来水接至热回收系统的入口,加热后直接供客房等区域使用(必要时再经过一个补充的加热器进行再加热)。直供式的主要特点是:

(1)进水温度是变化的;因为自来水的水温会随着环境温度的变化而变化,这对保持出水温度的恒定是不利的,同时对机组本身的控制系统有一定的要求。

(2)温差大,流量偏小且不恒定;这对热回收系统有一定影响,特别是在热水需求量小的情况下,热回收的效率会受较大影响。因此,饭店的热回收系统最好是向全饭店各区域提供热水,这样,水流量不均衡现象会减少。

(3)在某些时间段,由于自来水温度比冷却水温度低,制冷剂过冷度的提高对机组运行会有所帮助,可能不需要开启冷却塔和冷却泵。

2. 循环式

是指经机组加热后的水可与补充自来水一并再经热回收装置加热(一般也要设一个补充的加热器进行再加热)。其特点是:

(1)进出水的温度变化较小,便于控制和操作。

(2)温差小,流量稳定,系统设计方便。

相对而言,循环式系统的控制简单些。但无论哪种系统,除了热回收装置本身之外,一个符合饭店使用需求的系统控制设计是必需的。否则很难实现预期效果,甚至可能导致整个系统无法正常运行。

(三)经济分析

这项技术近年来得到广泛应用。由于制冷压缩机的排气温度可达 65℃~80℃,而热回收系统的出水温度可达 50℃~55℃,完全满足生活热水的温度要求。以一台制冷量为 $100 \times 10^4 \mathrm{kcal/h}$ 的制冷机为例,假设夏季运行综合效率为 80%,以平均每天开机 18 小时,机组热回收的总效率为制冷量的 30% 计算,可直观地分析其节能情况:

制冷机每小时可回收的热量为:

$Q_{回} = Q_{冷} \times 80\% \times 30\% = 100 \times 10^4 \mathrm{kcal/h} \times 80\% \times 30\% = 24 \times 10^4 \mathrm{kcal/h} = 100.48 \times 10^4 \mathrm{kJ/h}$

设夏季自来水的平均水温为 25℃,饭店所需热水温度为 55℃,则每小时可获取的热水量为:

$G_{水} = Q_{回} / C_{水} \times \Delta T_{水} = 100.48 / 4.187 \times (55 - 25) = 8000 \mathrm{kg/h} = 8 \mathrm{m}^3/\mathrm{h}$

式中　　$G_水$:每小时热水量;

　　　　$Q_回$:热回收量;

　　　　$C_水$:水的比热,取 4.187kJ/kg·℃;

　　　　$\Delta T_水$:冷热水温差。

机组每天运行 18 小时可获得的热水量:

$V = G_水 \times t = 8m^3/h \times 18h = 144m^3$

通常情况下,饭店客人平均热水用量为 0.2 立方米,则每天回收的热水可供 720 位客人使用。常规情况下,饭店使用锅炉生产热水,可以通过简单的计算,了解节约的费用。设定每吨热水成本为 18 元(为计算参考价,因锅炉使用的能源种类、各地能源价格差异等,可能略有不同)。如果整个夏季制冷机运行 5 个月,约 150 天,则使用热回收系统在一个制冷空调季节所节约的能源费用为:144 立方米/天×18 元/立方米×150 天＝388 800 元。

通过上述内容可以发现,利用冷凝热回收技术可以节省非常可观的能源费用。对江苏几家饭店实际使用情况的调研表明:若饭店使用两台等容量的制冷机,只需在一台机组上进行热回收改造即可,在供冷季节,实现了在制冷的同时生产生活热水,即"一机二用"的运行效果,热水不再需要锅炉提供,从而节省燃料。一般可以在一年内收回设备投资成本。同时,这项技术还可产生其他相关的综合效益,如减少锅炉设备的投资和使用成本,减少有害烟气排放,降低安全隐患等。值得一提的是,在不同季节和外界气温条件下,饭店制冷负荷大小与生活热水需求量之间的关系无明显规律性。同时,在一天之中,晚上用水量比较集中,而白天的用水量比较少。因此,在系统设计时一定要考虑使用传统加热方式(通常以燃气热水锅炉为宜)补充回收热量的不足。要根据实际需要,适当加大热水箱的贮水量,以保证用水高峰时的使用要求。

二、其他项目节能改造

工程部在饭店中常常被看作"消耗中心"、"花钱大户",这是由于为保证饭店的正常经营而必须要花费大量能源费用所产生的一种简单印象。但对于工程部管理人员来说,更应把工程部看作"利润中心",即通过有效的管理和有针对性的节能改造,努力降低能源消耗,节约就是在为饭店创造利润。从某种意义上说,节能工作的好坏就是看能否及时有效地利用成熟的新技术和管理方法来不断减少和杜绝不必要的消耗。

(一)锅炉排烟余热回收

许多饭店没有充分利用锅炉的排烟余热(通常在200℃以上)。烟气余热回收是一项实用且成熟的技术。实践证明,在锅炉烟囱部位安装此装置(离锅炉本体越近越好),回收高温烟气的热量,加热锅炉的补水,提高锅炉进水温度,理想情况下,可节约能源15%左右,同时,还可减少对大气的温室气体排放。

(二)冷却塔的飘水量控制

冷却塔的作用是降低冷却水的温度,进而带走冷水机组冷凝器内的热量。冷却水通过冷却塔,一般是进水在37℃,出水在32℃,冷却水经过布水器,洒向填料层,向下流向积水盘,而运行着的风机,则把气流由下而上与水流相反的方向,从顶部排出。这一过程,通过对流、传导和蒸发,把冷却水的温度降下来,同时,由于风扇引起的快速气流,会带走不少的小水珠,形成飘水现象。据实际测算,1台100×10^4kcal/h的制冷机,相应的冷却塔每天要补水近40吨,其中有一半消耗于蒸发散热,而另一半则是飘落和浪费了。在冷却塔中安装收水器,目的就是减少水的飘落,它使夹带水滴的气流改变运动方向和速度,达到汽、水分离作用,从而降低夹带的飘水量,实现节水目的。好的收水器,可把这部分飘水降到0.5‰左右。

(三)职工浴室节水

饭店的职工更衣室往往在地下室,而在供水系统中,地下室的水压又往往是最大的,细心的人会发现职工更衣室的耗水量占饭店总耗水量的比例是相当大的。改用节水龙头或系统加设减压阀等都是较好的节水办法。另外,随着技术的不断发展,在一些较大规模的饭店采用了效果良好的新产品——节水管理器,在职工浴室每一个淋浴器前安装一台,设定淋浴器的出水量(一般在10升/分左右),饭店每月免费给每位员工正常用水量(员工每日洗澡一次,男职工8分钟/次,女职工10分钟/次;如超出,则必须自己再花钱购买),通常节水效果在30%以上,同时节约相应水量的热能。

(四)照明问题

饭店的照明用电约占总能耗的15%~30%。除了应尽可能使用节能灯之外,还有许多方面可以进一步挖潜。比如,大量的各类标志指示灯、夜灯可采用发光二极管LED灯,每一个功率不到1W;走廊过道、消防楼梯可采用感应节能灯,防止出现长明灯;再如客房照明的卫生间照明,细心的管理人员会发现:客人夜间休息时,大多数是不会刻意去关掉卫生间灯具的,势必造成大量的能源浪费,要知道多数客房卫生间照明容量在150W左右,有的甚至达300W。其实只要对客房灯具开关进行科学合理的设计,或使用照明控制系统、客房控制系统等就可以解决。关键是这样并不复杂的问题,许多饭店都没有意识到。

(五)炉火感应控制

厨房是饭店能源消耗的主要区域之一,也是节能工作的重点区域。厨师在炉头上工作时,频繁地进行洗锅、起锅等操作,难以顾及炉火的使用效率,特别是目前已普遍使用天然气,其热值是管道煤气的近三倍,因而这种浪费就更加明显。许多厨师在洗锅、起锅时,燃气总是开着,炉子还在空烧。据统计,炉灶的空烧(锅离炉灶)时间大约占30%,甚至更多。因此,炉火感应控制是实现"锅到火到"、"锅离火熄",杜绝空烧浪费的一种有效方式。在实际使用中,通常可节约能源20%~30%,大约半年可收回设备投资。在减少空烧浪费的燃气的同时,还大大减少了冷却用水,减少了因空烧而产生的有害废气物和氧气的消耗,改善了空气质量。

(六)提高水的利用效率

对于大多数饭店特别是江苏地区的饭店而言,中水系统的"性价比"不高,营运中的饭店进行中水系统改造更是不太可能,但提高饭店生产用水的使用效率还是可以实现的。比如厨房用水,在保障清洁卫生的前提下可采用阶梯式节水池改造,节水池可分三层,最上面一层是蔬菜池,用来清洗已经粗加工过的蔬菜,第二层是海鲜池,用来清洗海蜇等海鲜,第三层是解冻池,用来解冻肉类原料。三层水池相互连接,这样一池水就可利用三次,最后排入下水道,达到充分利用的目的。另外,尽量利用先进的节水设备、降低后台区域水龙头出水量,如公共卫生设备使用感应水阀并限制水量,避免长流水现象,使用节能型马桶,通过减压保持后台区域水龙头出水量在7升/分等,尽可能做到节水环保。

(七)餐厅空调改造

餐饮区域的冷空调有两个基本特征:一是单位面积空调负荷大,实际数据显示,餐厅空调的使用负荷约为客房区域的两倍;二是供冷时间长,通常约比客房供冷时间提前和推迟各一个月左右。而在调研的饭店中,95%的饭店均未能针对这一特点进行合理设计,比如冷水机组的配置和水系统的分区设计等。带来的最大问题是造成冷水机组的水系统运行极不经济,增加过渡季节空调费用。在无法对水系统及机组进行改造的情况下,较为简单易行的措施是在餐饮包间增设分体空调,通过对室内机的适当装饰,一般不会影响包间的视觉效果。而由于增设独立空调,大大提高了空调使用的机动性和使用效率,可减少过渡季节的空调能耗。

饭店节能不是赶时髦,也不是单纯为了树形象,而是事关企业的生存和竞争能力。饭店应仔细查找各机电系统(设施设备)中存在的缺陷,及时运用成熟的技术进行必要的节能改造。在保证不降低服务质量的前提下,因地制宜,各出其招,将饭店节能工作落到实处。

三、节能改造实例

以下就三家饭店的洗衣房蒸汽冷凝热回收、空调系统改造和热交换机房废热回收方案和经济效益分析作简要介绍。

(一)洗衣房冷凝水热回收改造项目

1. 改造原因

某饭店洗衣房有水洗机5台、烘干机8台及烫平机1台,满负荷工作时的蒸汽消耗量为1.3t/h,系统产生的蒸汽冷凝水(95℃)直接排放,造成很大的能源浪费,同时排放的高温冷凝水对周围环境造成了一定的影响。

2. 改造的经济效益分析

(1) 回收每吨冷凝水所节约费用。回收每吨冷凝水(回收至锅炉软水箱)所节省的费用包括三个方面：A——流失的自来水费用，B——热损失费用，C——节省锅炉软水处理费用。即总的节约费用为 A+B+C。各项费用计算如下：

A = 2 元/吨(当地的自来水单价)

B = 3.75 × 0.1 × Δt/0.84 × 0.9 = 42.16 元/吨

注：Δt 为温差，自来水平均温度按10℃计算，排放的冷凝水按95℃计算。1吨水提升1℃所需热量为 0.1×10^4 kcal；天然气转换的热值为 0.84×10^4 kcal/m^3；锅炉热效率按0.9计算；天然气单价为 3.75 元/m^3。

C = 0.8 元/吨(经实际测算，每吨锅炉软水处理的水处理费用)

则改造后可节约的费用为：A + B + C = 44.96 元/吨

(2) 每年蒸汽冷凝水水量估算。由于该饭店洗衣房蒸汽没有单独进行计量，只能够按洗衣房的实际运行时间进行估算。洗衣房的运行时间为：

非周末：洗衣机、烘干机运行时间为 10:00—16:00，烫平机运行时间为13:00—16:00。

周末：洗衣机、烘干机运行时间为 10:00—21:00，烫平机运行时间为 13:00—20:00。

根据时间统计：洗衣机、烘干机每天至少工作6小时(耗汽量合计为1.07吨/小时)，每天消耗蒸汽6.42吨；烫平机每天至少工作3小时(耗气量0.265吨/小时)，每天消耗蒸汽0.795吨，合计为7.215吨/天；每年的消耗量：365天×7.215吨/天 = 2633.475吨

根据上述两项计算，通过蒸汽冷凝水回收工程改造，饭店每年可节约费用为：44.96 元/吨 × 2633.475 吨 = 118401.036 元。

3. 改造方案

洗衣房内所有烘干机、熨平机的蒸汽冷凝水汇集后回收至锅炉软水箱；将原

烘干机、熨平机的疏水阀更换为热动力式杠杆浮球疏水阀;输水管路向上提升至洗衣房天花梁底,汇集至总管,按1.5%坡度自由排水至软水箱;保留原有冷凝水排水管作为备用并安装截止阀,用于以后的备用、监测、排污等,如图3-4所示。改造中应特别注意以下几点:

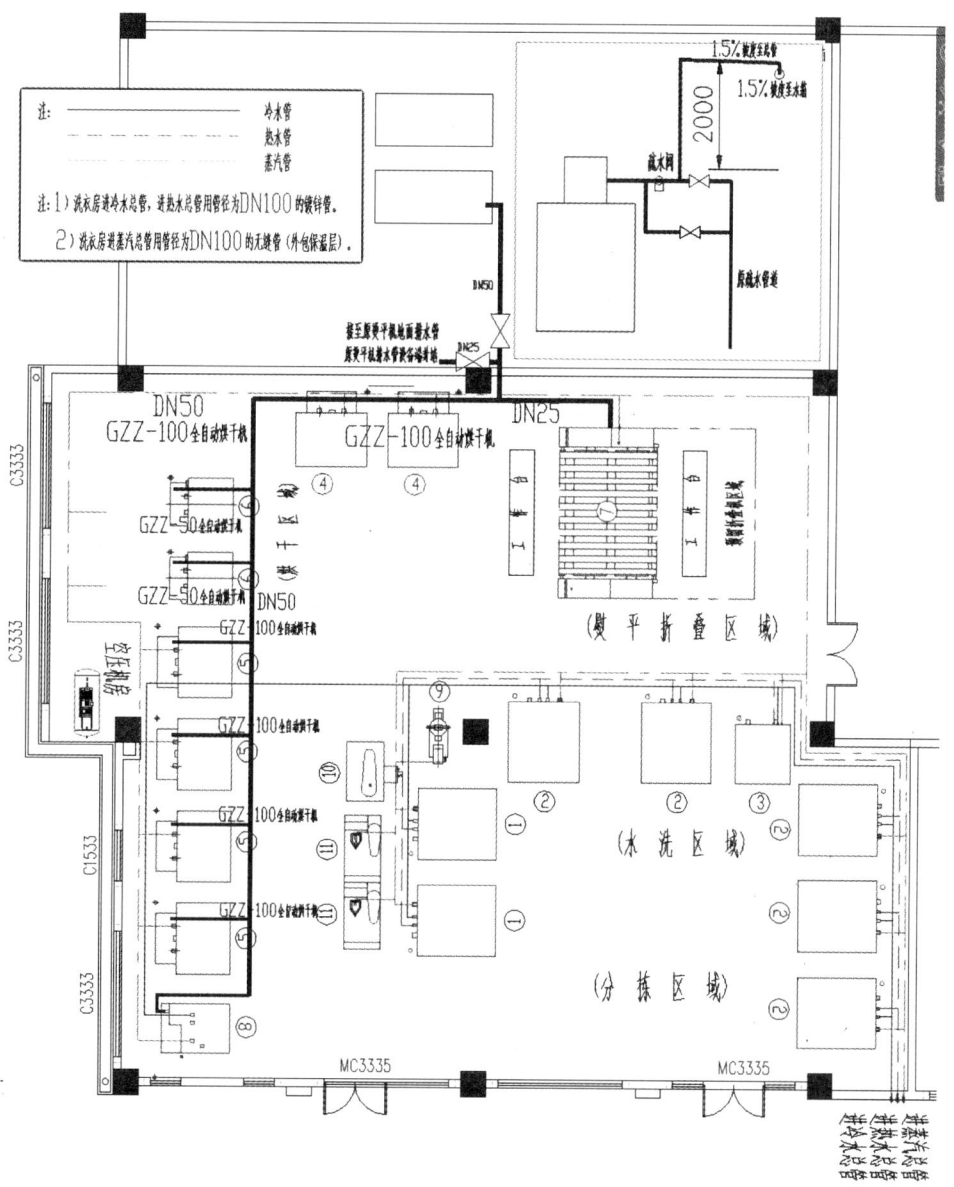

图3-4 某饭店洗衣房蒸汽冷凝水回收改造方案图

(1) 冷凝水管铺设需满足坡度要求,垂直方向不得弯绕。

(2) 管道焊接施工完成后,首先要对管道进行渗漏试验,然后方可进行管道的防腐及保温施工。

(3) 管道施工完成后,不得立即向软水箱补水,应采用备用总管排水数日后,无锈水及杂质时方可进行正常回收。

4. 其他问题

蒸汽冷凝水回收中,比较容易出现的情况是冷凝水的"滞留"现象,因为正常的回收是要将冷凝水输送至一定的高度,如处理不当会影响设备正常运行,或产生"水锤"而影响设备使用寿命。要避免这一问题往往需要根据现场实际情况,采取相应技术措施。该饭店现场的冷凝水提升高度有限,因此选用了允许背压较高的热动力式疏水阀(原使用的热膨胀式疏水阀无法满足这一要求),可实现安全回收冷凝水要求(如冷凝水的提升高度较高,则需考虑使用冷凝水回收泵)。

5. 改造结果及评估

(1) 投入运行后,蒸汽冷凝水全部回收,户外地沟不再产生冒热气的现象。

(2) 烘干机、熨平机等设备达到原先的使用要求,缩短烘干时间约10%。

(3) 改造费用为 4.8 万元,而节能效益约 11.84 万元/年;不足半年即收回改造成本。

(二) 空调水系统改造项目

南京某四星级饭店,建于1980年,后经数次更新改造,经营状况保持良好,但其工程管理存在一定问题,机电系统的原设计就存在缺陷,而在历次改造中,也只是增加必需的设备及系统,仅仅考虑了对经营需求的满足,未能就系统运行的经济性进行认真规划与设计;制冷系统长期处于"大流量"、"小温差"运行状态,致使饭店运行能耗过高。后经系统的节能改造,能耗明显降低。以下就制冷系统的原始数据、改造方案及效果作简要说明。

1. 主要设备参数

饭店建筑面积 25 000m^2,制冷系统采用一次泵系统;分水器分为 9 个回路,均从中央空调机房分集水器分出,各回路水流量采取阀门调节,空调末端大多安装了电动阀。中央空调机房选用水冷螺杆式制冷机 3 台,1 台为 $120 \times 10^4 \text{kcal/h}$,2 台为 $135 \times 10^4 \text{kcal/h}$;采暖为蒸汽加板式换热器形式。

表 3-3 空调水泵基本参数

名称	流量(m^3/h)	扬程(m)	功率(kW)	数量(台)	常用(台)	最高(台)
冷却泵	320	24	30	3	1	2
冷冻循环泵 1	270	36	45	2	1	2
冷冻循环泵 2	240	32	30	1	1	1
热水循环泵	171	32.7	22	3	1	2

2. 实测运行数据及存在问题

(1)运行数据实测。分别于 2010 年 11 月 1 日至 3 月 31 日、2011 年 3 月 31 日至 5 月 31 日、2011 年 6 月 1 日至 15 日、7 月 1 日至 11 日等四个具代表性的空调运行时间段,进行耗电量统计,具体实测数据如下:

表 3-4 冬、夏季典型时间段空调输送设备耗电量统计

时间	运行模式	热水泵电耗(万度)	冷冻泵电耗(万度)	冷水机组电耗(万度)	水泵电耗占主机电耗(%)
11 月 1 日至 3 月 31 日	供暖	10.45			饭店无蒸汽计量
3 月 31 日至 5 月 31 日	低负荷供冷		5.52	8.09	68.23
6 月 1 日至 15 日	中等负荷供冷		2.42	3.614	66.96
7 月 1 日至 11 日	高负荷供冷		2.67	5.56	48

注:冬季运行时的供、回水温差基本保持在 4℃~5℃;个别气温偏低时的温差为 6℃。夏季运行时的供、回水温差基本保持在 1.5℃~2.5℃;个别气温较高时的温差为 3℃。

(2)主要问题。饭店的空调负荷要按最不利工况设计,但在实际经营中,绝大

多数时间均在部分负荷下运行。通常情况下,一年中需要空调满负荷运行的时间(极端气象条件下)不超过10%,因此,以固定的运行工况去满足动态的空调负荷要求,是不合理、不经济的。该饭店所有空调水泵只能通过控制启动台数,或调节阀门控制循环水量进行调节,运行效率很低,能耗过大。

按《公共建筑节能设计标准》(GB50189—2005)5.3.27要求,冷水泵的输送能效比(ER)不应高于0.0241。一般认为,空调输送设备的运行能耗约占主机能耗的理论数值为20%~30%,而该饭店在冷空调运行初期(4、5月间)水泵能耗约占主机能耗的68.23%,6月份的占比为66.96%,7月初(夏季高温期,空调输送设备的能耗占主机能耗比应该最低)为48%,离30%还有较大的节能空间。

3. 空调水系统变流量控制节能原理

(1)节能原理。离心风机、泵类是属于典型的变转矩负载,其工作特点是:大多数是长期连续运行,由于负载转矩与转速的平方成正比,所以一旦转速超过额定转速,就会造成电机的严重过载,因此风机、泵类一般不超过额定频率运行。

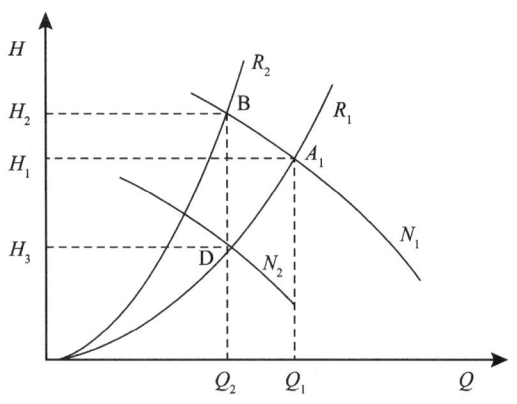

图3-5 风机、泵类负载运行时的特性曲线

上图为风机、泵类负载运行时的特性曲线,用阀门控制时,当流量从 Q_1 降至 Q_2,要关小阀门,使管道的阻力变大,阻力曲线从 R_1 变为 R_2,扬程则从 H_1 升至 H_2,运行点也从 A 点变为 B 点。用变频调速时,当流量从 Q_1 降至 Q_2 时,阻力曲线 R_1 保持不变,速度曲线从 N_1 降至 N_2,扬程也从 H_1 降至 H_3,运行点从 A 变化到 D。

①节能分析:用阀门控制时,由风机、泵类的特性公式 $P=QH$,可得出在 B 点运行时电机的轴功率为 $P_B=Q_2\times H_2$,D 点运行时电机的轴功率为 $P_D=Q_2\times H_3$。两者之差为:$\Delta P=P_B-P_D$。即用阀门控制时,有 ΔP 的功率被浪费了。

另外,由流体力学原理可知,风机或泵消耗的轴功率与转速的立方成正比。只要转速有较小的变化,轴功率就有比较大的变化,所以对离心风机、泵类负载进行调速,具有非常明显的节能效果。具体节能效果如表 3-5 所示:

表 3-5 泵类负载变频调速节电率

泵转速 N(%)	运行频率 F(Hz)	轴功率 P(%)	节电率(%)
100	50	100	0
90	45	72.9	27.1
80	40	51.2	48.8
70	35	34.3	65.7
60	30	21.6	78.4

②系统流程图:

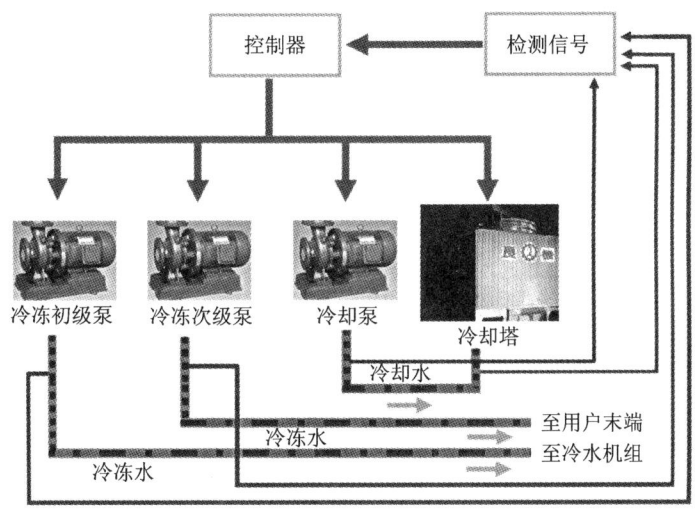

图 3-6 冷冻站优化配置系统流程图

控制原理说明:当信号检测器检测到冷却水在冷凝器出口的温度信号,并传输给负荷随动控制器,如果此时检测到的温度低于设定温度,则负荷随动控制器会降低水泵电机的转速,水的流速就会降低,流量也就会减小,这样冷却水在冷凝器出口的温度就会升高,最终稳定在设定值。其他设备的控制与此类似。

4. 数据计算与分析

根据该饭店的基本资料,得出以下计算数据:

表3-6 空调水系统节能计算

名称	管道流阻(m)	设备流阻(m)	提升扬程(m)	总流阻(m)	水泵流量(m^3/h)	水泵扬程(m)	理论最高流量(m^3/h)	满负荷理论节电率
冷冻水系统	15	13		28	510	36	344	44.64%
冷却水系统	7	11	2	20	640	32	430	44.01%
热水系统	7.5	11.5		19	171	32.7	171	41.9%

(1)总流阻即运行实际阻力,也就是水泵的实际扬程,现场实测数据为28m(运行中水泵的出口压力与进口压力的压力差)。

(2)实际最高流量,是指实际运行中,冷冻水和冷却水的实际最大流量;运行中,在最高负荷时,冷冻泵开启270m^3/h 和240m^3/h 流量水泵各一台,冷却泵开启320m^3/h 流量的水泵两台,即流量分别为510m^3/h 和640m^3/h。

(3)理论最高流量即该饭店空调运行所需的最高流量。计算方法:在工程中,可以采用简单算法,用冷量(kW)除以温差再乘以0.86即是流量(t/h)。该饭店建筑面积25000m^2(含非空调面积),制冷负荷按80W/m^2计算(江苏地区饭店行业平均制冷负荷),则实际最大制冷量约为2000kW/h (172×10^4kcal/h),设计温差为5℃。按上述算法得出:冷冻水理论最高流量为344m^3/h(0.86×2000/5)。

(4)最大冷却流量:按厂家提供的参数为最大冷量的2.5倍,即430m^3/h。

(5)满负荷理论节电率为空调系统处于满负荷运行时水泵的节能率。

(6)制冷状态下的理论节能率:根据计算公式:离心泵功率＝流量×扬程×9.81×介质比重÷3600÷泵效率,改造前后,除流量和扬程外其余均无明显改变,而该饭店原水泵处于工频运行状态,最高时开2台,因此理论最大负荷状态时所需水泵轴功率与现场设备的功率比＝(理论流量×理论扬程)/(额定最高流量×额定最高扬程)。按此公式计算,冷冻泵实际所需功率为现在的55.36%,冷却泵为55.99%,即理论节能率分别达到44.64%和44.01%。

(7)供暖状态下的理论节能率:该饭店供暖系统采用板式换热器(城市集中供汽,供暖蒸汽无单独计量),供暖模式下的运行工况与制冷状态的最大不同是采暖时的供回水温差大(设计温差为10℃),因此采暖所需流量为制冷状态的50%;由于流量减半,而系统管道的直径未变,因此流速和管道阻力也只有制冷状态的一半左右。根据现场的数据实测,总流阻为19m。该饭店的热水循环泵参数为:流量171m^3/h,扬程32.7m。按上述方法计算,热水泵实际所需功率为现在的58.1%,即理论节能率达到41.9%。

5. 工程改造

该饭店的冷冻水、冷却水及热水系统扬程均明显偏大,冷冻水、冷却水系统流量偏大,且属于定流量系统,无法满足变工况条件下的经济运行要求。使得空调水系统在绝大多数时间内处于"大马拉小车"状态,能源消耗过大。

通过对冷冻水、冷却水及热水系统的变流量改造,使得在运行中可自动匹配水泵的输出功率,在满足空调需求的情况下,降低能耗。由于该饭店空调水系统较为复杂,因此,首先对系统进行水力平衡调试并加装自动平衡阀,更好地保证各支路的水力平衡。

改造后,经计量和计算,该饭店一年的空调水泵总节电量为150 269kW·h,节约费用124 723.27元。

除了节省电能外,变频调速技术的应用还会给冷水机组运行带来如下优点:一是调节水流量,把冷水机组进水和回水温度控制在适当的范围内,保证主机的热交换率。二是管路阀门可完全开启,消除阀门节流产生的能耗损失。三是实现电机软启动,改善了电机运行条件。四是启动平稳,无冲击负荷,大幅度降低设备损耗,延长设备使用寿命,减少维修费用。

(三)某温泉酒店机房热回收节能改造

1. 基本情况

苏南某温泉酒店的热交换机房位于地下室,主要功能是为温泉洗浴水池加热,其500m³的浴池每天约20小时处于加热状态,采用板式换热器供热。由于板换及蒸汽冷凝水排放等原因,造成机房内湿热量较高,虽然增加排风设施,但效果不明显,室内环境温度仍在39℃左右,机房工作间值班维修人员的工作环境受影响,而且对该区域内的水泵、配电柜等构成较大的安全隐患。

2. 改造方案

在机房内安装空气源热泵热水器,吸收环境热量,改善工作环境,同时,产生的热水注入温泉浴池,达到改善环境和节能降耗目的。

(1)设备选型计算

该机房环境温度为39℃,根据排风热量测试,排风量为4200m³/h,与环境温差的平均温差为10℃,空气比重约1.29kg/m³,空气比热约1.004kJ/kg.k,因此排风含热量为4200×10×1.29×1.004 = 54 397kJ/h。由于1kW·h等于3600kJ,则根据空气焓值计算,机房内的湿热空气热量为15.11kW。通过计算,选用美的热泵机组RSJ-200/S-540V自热式空气源热泵热水器1台。该设备的主要参数为:额定输出热量20kW,额定输入功率4.3kW,热水产量0.52m³/h,设备尺寸740mm×1250mm×740mm。该项改造工程的项目清单如表3-7所示。

表3-7 热水系统改造工程量清单

序号	设备名称	规格型号	计量单位	数量	单价(元)	金额(元)
1	美的热泵机组	RSJ-200/S-540	台	1	29 500.00	29 500.00
2	PPR热水管	De32	米	20	6.00	120.00
3	橡塑保温(水管)	2.5cm厚	米	20	5.50	110.00
4	Y型过滤器	De32	只	1	60.00	60.00

续表

序号	设备名称	规格型号	计量单位	数量	单价(元)	金额(元)
5	球阀(PPR)	De32	只	2	86.00	172.00
6	压力表		只	1	35.00	35.00
7	温度计		只	1	38.00	38.00
8	型钢(主机基础)		项	1	380.00	380.00
9	水流开关		只	1	310.00	310.00
10	动力电缆线	$5 \times 6mm^2$	米	10	25.00	250.00
11	屏蔽信号控制线	$3 \times 0.75mm^2$	米	10	3.00	30.00
12	电力表		只	1	160.00	160.00
13	水表	De32	只	1	150.00	150.00
14	导流罩		只	1	200.00	200.00
15	管件及辅材		批	1	100.00	100.00
16	人工费		项	1	600.00	600.00
17	合计					32 215.00

(2)节能性分析

设备安装后,热泵自机房空气中吸收热量,将机房内产生的废热回收利用,既可改善环境温度,又可得到50℃左右的热水,供入温泉浴池。安装后机房内环境温度低于30℃。该型热泵热水器在此工况下效率(COP)约为5.2。按进水20℃、出水50℃运行工况计算,每吨热水的成本约5.3元。如果采用常规蒸汽换热产生同等标准热水,费用约为18元。即每生产1吨热水节约12.7元。因此,该饭店此项改造每年节约费用为:365天×15小时/天×0.52吨/小时×12.7元/吨=36 157元/年,不足一年即可收回投资。

附表 3-1 设施设备计划维修表(部分)

电气柜年度检修表

工作表号:

工作周期: 每年

工作任务: 电气柜保养

安排给: 工程部机电维修组

日期: _____

完成签字: _____

注:1. 进行任何工作都要坚持正确的安全程序,诸如张贴危险标志、安全断电标志等。

2. 佩戴一些个人的安全保护设备,诸如安全眼镜等。

3. 工作区域保持整洁。

程序:

1. 检查前需停电,验电确认无电后方可进行保养。

2. 清洁箱内箱外的灰尘。

3. 检查接线端子有无松动。

4. 紧固接线端子;对箱锁进行检查,如有损坏,及时维修或更换。

5. 保养完毕后及时恢复供电。

升降电梯预防性维保检修表

工作表号:

工作周期: 每季度

工作任务: 升降电梯维保

安排给: 工程部机电维修组

日期: _____

完成签字： ＿＿＿＿＿＿＿＿＿＿＿＿＿＿＿

注：1. 进行任何工作都要坚持正确的安全程序，诸如张贴危险标志、安全断电标志等。

    2. 佩戴一些个人的安全保护设备，诸如安全眼镜等。

    3. 工作区域保持整洁。

程序：

1. 检查电源、插座是否完好。

2. 检查倒顺开关、控制是否良好。

3. 检查升降系统、控制系统。

4. 检查升降滑轨，定期加润滑油。

5. 检查支架部件，丝杆螺栓。

6. 检查液压箱，每三个月定期补充或更换。

7. 清洁升降梯外表及工作台。

厨房日常巡检表

工作表号：

工作周期：　　　　　　　每月

工作任务：　　　　　　　一楼厨房巡检

安排给：　　　　　　　　工程部机电维修组

日期：　　　　　　　　　＿＿＿＿＿＿＿＿＿＿＿＿＿＿＿

完成签字：　　　　　　　＿＿＿＿＿＿＿＿＿＿＿＿＿＿＿

注：1. 进行任何工作都要坚持正确的安全程序，诸如张贴危险标志、安全断电标志等。

    2. 佩戴一些个人的安全保护设备，诸如安全眼镜等。

    3. 工作区域保持整洁。

程序：

巡检内容		完成后画钩	是否需要进一步措施
强力灶	1. 照明		
	2. 鼓风机		
	3. 控火开关		
	4. 苗火		
	5. 炉膛		
	6. 水嘴		
	7. 点火棒		
	8. 冷却水		
	9. 传动		
	10. 接地		
	11. 其他		
煲仔炉	1. 照明		
	2. 控火开关		
	3. 喷火嘴		
	4. 点火棒		
	5. 其他		
地灶	1. 照明		
	2. 鼓风机		
	3. 控火开关		
	4. 炉膛		
	5. 水嘴		
	6. 冷却水		
	7. 点火棒		
	8. 其他		

续表

	巡检内容	完成后画钩	是否需要进一步措施
蒸箱	1. 门把手		
	2. 密封条		
	3. 压力表		
	4. 蒸汽开关		
	5. 减压阀		
	6. 排水		
	7. 门弹簧		
	8. 其他		
消毒柜	1. 电源开关		
	2. 上层消毒灯		
	3. 下层消毒灯		
	4. 门锁		
	5. 指示开关		
	6. 其他		
烤箱	1. 电源开关		
	2. 温度控制仪		
	3. 温度计		
	4. 门锁		
	5. 工作指示开关		
	6. 其他		
刨片机	1. 旋转刀片		
	2. 滑道		
	3. 牵拉杆		
	4. 控制手轮		
	5. 电源开关		

冷库预防性维保检修

工作表号：

工作周期：　　　　　　　每月

工作任务：　　　　　　　冷冻柜维保

安排给：　　　　　　　　工程部空调组

日期：　　　　　　　　　_____

完成签字：　　　　　　　_____

注：1. 进行任何工作都要坚持正确的安全程序，诸如张贴危险标志、安全断电标志等。

2. 佩戴一些个人的安全保护设备，诸如安全眼镜等。

3. 工作区域保持整洁。

程序：

1. 制冷系统维护保养检查

(1) 检查油位及油质。

(2) 检查运行是否平稳、有否异常。

(3) 检查各固定螺栓有否松动。

(4) 检查是否有油或氟泄漏。

(5) 检查电磁阀工作是否正常。

(6) 检查压力保护器工作是否正常。

2. 电器线路检查

(1) 紧固每个线头螺丝，防止松动。

(2) 检查交流接触器吸合是否正常，必要时更换。

(3) 检查时间继电器工作是否正常，必要时更换。

(4) 检查各运行指示灯是否完好，如损坏需更换。

3.库内外冷凝器的清洗

(1)库外冷凝器表面可用去油污的化学清洗剂进行翅片清洗。

(2)库内冷凝器,用水冲洗。

4.记录所有缺陷,并填表

冷库维修保养记录

冷库编号	位　　置	故障维修	日期	备注

制冰机预防性维保检修表

工作表号:

工作周期:　　　　　　　每季度

工作任务:　　　　　　　制冰机维保

安排给:　　　　　　　　工程部空调组

日期:　　　　　　　　　_____

完成签字:　　　　　　　_____

注:1.进行任何工作都要坚持正确的安全程序,诸如张贴危险标志、安全断电标志等。

2.佩戴一些个人的安全保护设备,诸如安全眼镜等。

3.工作区域保持整洁。

程序:

1.检查线头、电器接触器是否正常。

2. 检查供水电磁阀是否正常。

3. 检查水泵轴封是否磨损,电机是否正常。

4. 检查温控器、时间继电器工作是否正常。

5. 检查紫外线消毒器是否正常工作。

6. 检查压缩机电流、内部制冷剂压力。

7. 检查散热风扇、电机。

8. 检查制冷系统电磁阀是否正常工作。

9. 清洗内壁。

空调水泵预防性维保检修表

工作表号:

工作周期:　　　　　　　每月

工作任务:　　　　　　　空调水泵维保

安排给:　　　　　　　　工程部空调组

　日期:　　　　　　　　　_____

完成签字:　　　　　　　_____

注:1. 进行任何工作都要坚持正确的安全程序,诸如张贴危险标志、安全断电标志等。

　2. 佩戴一些个人的安全保护设备,诸如安全眼镜等。

　3. 工作区域保持整洁。

程序:

1. 停止水泵的运行。

2. 检查机械密封,如有必要更换配件。

3. 检查电机的轴承,更换、添加润滑油。

4. 检查泵体内轴承,添加润滑油。

5. 检查电气线路,电控箱内各部件是否完好。

6. 提出需采购的配件。

7. 完成后在表格上画钩。

序号	编号	位置	程序1	程序2	程序3	程序4	程序5	程序6	备注
1									
2									
3									
4									
5									
6									
7									
8									
9									
10									
11									

潜水泵预防性维保检修表

工作表号:

工作周期:　　　　　　　每年

工作任务:　　　　　　　潜水泵维保

安排给:　　　　　　　　工程部机电维修组

日期:　　　　　　　　　＿＿＿＿＿＿＿＿＿＿

完成签字:　　　　　　　＿＿＿＿＿＿＿＿＿＿

注:1. 进行任何工作都要坚持正确的安全程序,诸如张贴危险标志、安全断电标志等。

2. 佩戴一些个人的安全保护设备,诸如安全眼镜等。

3. 工作区域保持整洁。

程序：

1. 停止水泵的运行。

2. 检查机械密封,如有必要更换配件。

3. 检查电机的轴承,更换、添加润滑油。

4. 检查泵体内轴承,添加润滑油。

5. 检查电气线路,电控箱内各部件是否完好。

6. 提出需采购的配件。

7. 完成后在表格上画钩。

序号	编号	位置	程序1	程序2	程序3	程序4	程序5	程序6	备注
1									
2									
3									
4									
5									
6									
7									
8									

热交换器预防性维保检修表

工作表号：

工作周期：　　　　　　每月

工作任务：　　　　　　热交换器维保

安排给：　　　　　　　工程部空调组

日期：　　　　　　　　_____

完成签字：　　　　　　_____

注:1. 进行任何工作都要坚持正确的安全程序,诸如张贴危险标志、安全断电标志等。

2. 佩戴一些个人的安全保护设备,诸如安全眼镜等。

3. 工作区域保持整洁。

程序:

1. 打扫机房卫生。

2. 对设备外观进行检查,有无腐蚀裂纹。

3. 检测压力表、温度表。

4. 水系统排污清洗。

5. 蒸汽系统排污清洗。

6. 完成后在表格上画钩。

热交换器检修表

编号	位置	步骤1	步骤2	步骤3	步骤4	步骤5	备注

热交换器预防性维保检修表

工作表号:

工作周期: 每季度

工作任务: 热交换器维保

安排给: 工程部空调组

日期: _____

完成签字：_____

注：1. 进行任何工作都要坚持正确的安全程序，诸如张贴危险标志、安全断电标志等。

2. 佩戴一些个人的安全保护设备，诸如安全眼镜等。

3. 工作区域保持整洁。

程序：

1. 对设备外观进行检查，有无腐蚀裂纹。

2. 打开包头，对内部检查有无腐蚀裂纹。

3. 检查压力表、温度表。

4. 测试安全阀。

5. 测试水阀。

热交换器检修表

编号	位置	步骤1	步骤2	步骤3	步骤4	步骤5	备注

热交换器预防性维保检修表

工作表号：

工作周期：　　　　　　　每年

工作任务：　　　　　　　热交换器维保

安排给： 工程部空调组

日期： _____

完成签字： _____

注：1. 进行任何工作都要坚持正确的安全程序,诸如张贴危险标志、安全断电标志等。

2. 佩戴一些个人的安全保护设备,诸如安全眼镜等。

3. 工作区域保持整洁。

程序：

1. 对设备外观进行检查,有无腐蚀裂纹。

2. 打开包头,对内部检查有无腐蚀裂纹。

3. 如果有细纹,则需进行 X 光探伤检查。

4. 检测压力表、温度表。

5. 测试检查安全阀。

6. 测试检查水阀。

7. 对蒸汽系统排污、清洁。

8. 水系统排污、清洗。

热交换器检修表

编号	位置	步骤1	步骤2	步骤3	步骤4	步骤5	步骤6	步骤7	步骤8	备注

冷水机组预防性维保检修表

工作表号：

工作周期：　　　　　　　每年

工作任务：　　　　　　　冷水机组维保

安排给：　　　　　　　　工程部空调组

日期：　　　　　　　　　_____

完成签字：　　　　　　　_____

注：1. 进行任何工作都要坚持正确的安全程序，诸如张贴危险标志、安全断电标志等。

2. 佩戴一些个人的安全保护设备，诸如安全眼镜等。

3. 工作区域保持整洁。

程序：

1. 请承包冷水机组的维保单位前来保养。

2. 程序附后。

3. 请该单位提供保养报告。

离心式冷水机组(19XL)年度大修保养内容

1. 用抽排泵将制冷工质贮存于冷凝器内，系统抽真空充氮。

2. 从机组内排出润滑油。

3. 清洗油室油泵、油过滤器，并更换新的油过滤器。

4. 更换电机干燥过滤器，干燥器的效果可从视镜中的颜色标来判断。

5. 更换回油过滤器。

6. 检查齿轮和轴承：齿轮和轴承要保持良好的状态，关键是正常的润滑油和正确的油温、油压和油位，其磨损程度可从机组的振动和轴承的温度来判断。

7. 检查导叶执行机构，导叶开闭运行自如。

8. 检查主电机接线和绝缘数值。

9. 清洗冷凝器、蒸发器水室,清洗管内壁水垢,并清洗各温度探头。

10. 检查机组上的安全阀,打开阀出口处的排气管,检查阀体是否有腐蚀生锈、集灰、结垢、泄漏。

11. 检查启动柜,清除集灰、结垢,紧固各接线螺栓,检查接触器的接触点。

12. 检查控制中心,检查接触点、清除灰垢,检查各设定值、时间表、各输入参数和显示,并进行控制测试。

13. 加入新的润滑油。

14. 充氮进行压力和检漏试验。

15. 抽真空并进行真空干燥试验。

16. 放回工质到蒸发器。

17. 开机调试,记录各运行数据,检查振动和噪声。

活塞式冷水机组(30HT)年度大修保养内容

1. 检查各压缩机各阀门紧闭情况。

2. 拆卸压缩机吸气口,清洗吸气滤网。

3. 清洗或更换干燥过滤器。

4. 清洗冷凝器翅片盘管。

5. 更换压缩机润滑油,清洗机油过滤器。

6. 机组及热交换器全面进行压力试漏。

7. 检查压缩机电机绝缘,定转子间隙及轴承,如有必要进行大修。

8. 检查及紧固电路上各电线接点,除尘清洁。

9. 调校安全及控制装置的设定值和运行值。实验控制程序。

10. 检查各阀工作情况(电磁阀、膨胀阀、四通阀、单向阀等)。

11. 对机组所存在的缺陷全部修理,调整正常后开机运行。

12. 按说明书有关数据开机,逐一进行检查调校。

13. 提供机组检查报告及处理结果。

干洗机预防性维保检修表

工作表号：

工作周期： 每月

工作任务： 干洗机维保

安排给： 工程部机电维修组

日期： _____

完成签字： _____

注：1. 进行任何工作都要坚持正确的安全程序，诸如张贴危险标志、安全断电标志等。

2. 佩戴一些个人的安全保护设备，诸如安全眼镜等。

3. 工作区域保持整洁。

程序：

序号	程序	完成后画钩	备注
1	切断电源、水源、蒸汽、压缩空气		
2	对各执行元件传感器进行检测调整		
3	检查气动阀门		
4	检查电动阀门		
5	清洗蒸馏缸		
6	清洗油水分离器		
7	对电机皮带调整		
8	检查有无漏气、漏油		
9	清洗水过滤器		
10	检查门体		
11	复原机器，确保正常工作		
12	确定是否需要订购配件		

干洗机预防性维保检查表

工作表号：

工作周期：   每半年

工作任务：   干洗机维保

安排给：   工程部机电维修组

日期：   _____

完成签字：   _____

注：1. 进行任何工作都要坚持正确的安全程序，诸如张贴危险标志、安全断电标志等。

2. 佩戴一些个人的安全保护设备，诸如安全眼镜等。

3. 工作区域保持整洁。

程序：

序号	程序	完成后画钩	备注
1	切断电源、水源、蒸汽、压缩空气		
2	清洁空气过滤包		
3	清洁并检查安全阀、电动阀、气阀		
4	检查油泵有无漏油现象		
5	冲洗水过滤网除去碎屑		
6	清洗油水分离器、蒸馏缸		
7	检查、调整电机皮带的张力		
8	清洗蒸汽过滤网		
9	检查加油器和空压机的油位		
10	检查加热室的水位		
11	检查门体的状况		
12	清洁冷却器		
13	脱水器排水		
14	将机器复原，确保正常工作		

第四章　江苏省旅游饭店行业节能减排考核体系

第一节　前言

一、范围

本标准规定了饭店单位面积综合能耗标准及计算方法。

本标准规定了饭店经营过程中所消耗的各类能源的转换方法、单位面积综合能耗的计算方法。

本标准适用于饭店用能系统能源消耗量的计算与评价。

二、术语和定义

下列术语和定义适用于本标准。

（一）饭店

以间（套）夜为单位出租客房，以住宿服务为主，并提供餐饮、商务、会议、休闲等相应服务的住宿设施，按不同习惯可能也被称为宾馆、酒店、旅馆、会所、俱乐部、大厦、中心等。当所有服务设施在同一建筑内时，称为集中式建筑，所有服务设施不在同一建筑内（含以封闭连廊相连）时，称为城市庭院式建筑。

（二）度假村

能够以夜为单位时间向旅客提供配有餐饮及相关服务的住宿设施，建筑形式为多幢，建筑容积率在0.55以下，通常以度假村、山庄等命名。

（三）综合能耗

饭店在计划统计期内,按照规定的计算方法,将经营所消耗的各类能源折算成统一单位(标准煤),加总后得到的能耗总量。

（四）饭店单位面积综合能耗

饭店在计划统计期内,每平方米建筑面积所消耗的综合能耗。

（五）饭店单位电耗

饭店在计划统计期内,每平方米建筑面积所消耗的电量。

（六）饭店可比单位面积综合能耗

饭店在计划统计期内,按照规定的计算方法,将各类影响饭店单位面积综合能耗的主要因素,分别进行修正,计算出可比单位面积综合能耗。

（七）商品能源

直接由能源供应商供给的能源,如水、电、燃气、燃煤。

（八）二次能耗

饭店内末端能耗设备所实际产生的各类能源消耗,如空调、蒸汽、照明用电、热水等。

（九）二次能耗综合单价

饭店(各部门、区域)所消耗的二次能耗费用与相应的系统(设备)商品能源的消耗量之比。二次能耗综合单价反映了机电系统及设备在能源转换和输送过程中的实际效率。

三、规范性引用文件

下列文件中的条款通过本体系的引用而成为本体系的条款。凡是注日期的引用文件,其随后所有的修改单(不包括勘误的内容)或修订版均不适用于本体系;凡是不注日期的引用文件,其最新版本适用于本体系。

《绿色旅游酒店》(LB/T007—2006)

《绿色建筑评价标准》(GB/T50378—2006)

《公共建筑节能设计标准》（GB50189—2005）

《建筑照明设计标准》（GB50034—2004）

《室内装饰装修有害物质限量标准》（GB18580—2001～GB18588—2001）

《建筑材料放射性核素限量》（GB6566—2001）

《民用建筑隔声设计规范》（GB50118—2010）

四、级别划分

考核评定等级分为一至五级，等级数字越小，表明饭店的节能减排综合管理水平越高。

第二节　节能减排考核体系

本体系考核方法采取"饭店单位面积综合能耗（可比单位面积综合能耗）"测评和"节能减排措施"测评并重，并以"饭店单位面积综合能耗（可比单位面积综合能耗）"测评为主的测评考核方式。

一、饭店单位面积综合能耗测评

（一）指标值的确定

"单位面积综合能耗指标"值和"单位面积综合能耗限额"值的确定，主要是通过"二次平均法"进行统计计算的。建筑能耗定额的编制方法主要有"平均值法"、"二次平均法"和"回归分析法"等；在充分研究并征求相关专家意见后，认为采用"二次平均法"较为恰当。"二次平均法"为统计分析法的一种，是我国能耗定额确定的一种常用方法，它是通过两次求平均的方法来确定能耗定额，是基于平均值与先进平均值之间的定额编制方法。该方法的结果是根据大量数据统计分析而得，因此收集样本越多，则结果的置信度越高。

1. "单位面积综合能耗指标"的二次平均法计算步骤

首先求选定的相同星级饭店的单位面积综合能耗的平均值,然后对小于此平均值的饭店再次计算平均值,最后求这两个平均值的平均值。

$$Q = \frac{Q_{av} + Q_m}{2} = \frac{Q_{av} + \frac{1}{m}\sum_{i=1}^{m} Q_i}{2}$$

式中:

Q 为计算后得到的单位面积综合能耗指标;

Q_{av} 为选定的相同星级饭店的单位面积综合能耗的平均值;

Q_m 为小于 Q_{av} 的饭店能耗的平均值;

m 为相同星级饭店的数量;

Q_i 为小于 Q_{av} 的第 i 个饭店能耗值。

案例分析:

假设有10家星级饭店综合能耗(kgce/m².y)如下表所示:

H1	H2	H3	H4	H5	H6	H7	H8	H9	H10
25.86	26.58	32.38	36.88	37.43	39.02	41.85	43.02	49.42	51.45

按上述方法计算可得:

$Q_{av} = 38.39$

$$Q_m = \frac{1}{m}\sum_{i=1}^{m} Q_i = 31.83$$

$$Q = \frac{Q_{av} + Q_n}{2} = \frac{38.39 + 31.83}{2} = 35.11$$

2. "单位面积综合能耗限额"的二次平均法计算步骤

首先求选定的相同星级饭店的单位面积综合能耗的平均值,然后对大于此平均值的饭店再次计算平均值,最后求这两个平均值的平均值。

$$Q = \frac{Q_{av} + Q_n}{2} = \frac{Q_{av} + \frac{1}{n}\sum_{i=1}^{n} Q_i}{2}$$

式中：

Q 为计算后得到的单位面积综合能耗指标；

Q_{av} 为选定的相同星级饭店的单位面积综合能耗的平均值；

Q_n 为大于 Q_{av} 的饭店能耗的平均值；

n 为相同星级饭店的数量；

Q_i 为大于 Q_{av} 的第 i 个饭店能耗值。

用本法计算前表中的数据，可得 $Q=41.67$

需要指出的是：这里的"饭店单位面积综合能耗"是去除了饭店因建筑设计、设施设备类型差异等因素影响后的能耗数据。

(二) 饭店单位面积综合能耗(可比单位面积综合能耗)测评标准

测评标准：单位面积综合能耗(可比单位面积综合能耗)达到或低于下表中所列能耗指标者得 100 分；能耗每超出 $1\text{kgce}/\text{m}^2\cdot\text{y}$，扣 2.5 分。如果饭店的单位面积综合能耗值超过该类饭店的单位面积综合能耗(可比单位面积综合能耗)限额值，则说明该饭店属于高能耗企业，不得参与评级或建议采取相应警告、处罚措施。

表 4-1 饭店单位面积综合能耗指标及限额

饭店标准	考核指标与标准	单位面积综合能耗指标（kgce/m².y）	单位面积综合能耗限额（kgce/m².y）
五星级		32	≤49
四星级		30	≤45
三星级		28	≤39
一、二星级，经济型饭店		16	≤25

注：(1) 表中所指星级标准是指《旅游涉外饭店星级的划分及评定》(GB/T14308—2010)规定的标准。

(2) 经济型饭店为采用热泵、分体空调、VRV 供冷供热的三星级以下饭店；如采用中央空调系统，虽未评星，可按相应的服务标准(三星级)套用以上指标。

(3) 部分饭店因建筑设计、设施设备类型的差异，对单位面积综合能耗量产生影响，按下述第(五)条("饭店综合能耗修正系数")，将"单位面积综合能耗"按相应系数进行修正，计算出"可比单位面积综合能耗"并以此为考核指标。

第四章 江苏省旅游饭店行业节能减排考核体系
Chapter 4　The Evaluation Methods of Energy Conservation of Jiangsu Hospitality Industry

（三）综合能耗的统计范围

（1）饭店综合能耗是统计饭店在计划统计期内,对实际消耗的能源(如煤炭、石油、天然气以及石油制品、蒸汽、电力、煤气等)及耗能工质(如水等)所消耗的能源。能源的低位热值应以实测为准,若无条件实测,可按表2-9,通过热值折算为标准煤,进行综合计算所得的能耗消耗量。

（2）饭店电耗是统计饭店在统计期内,所实际消耗的电力,以计量表的实际读数为准。

（四）综合能耗的分类与计算

综合能耗分为两类:饭店综合能耗,可比单位面积综合能耗。

1. 饭店综合能耗的计算

饭店综合能耗等于饭店在计划统计期内经营中实际消耗的各类能源实物量与该类能源折算标准煤系数的乘积之和。数值以千克标准煤表示,按照公式(1)进行计算。

$$E = \sum_{s=1}^{n} e_s p_s \quad \cdots\cdots\cdots\cdots\cdots\cdots\cdots\cdots\cdots\cdots\cdots\cdots\cdots\cdots\cdots\cdots (1)$$

式中:

E:饭店综合能耗,千克标准煤;

e_s:饭店经营中消耗的第 s 种能源实物量,实物单位;

p_s:第 s 种能源折算标准煤系数;

n:饭店能耗的能源种数。

2. 饭店单位面积综合能耗的计算

饭店单位面积综合能耗等于计划统计期内的饭店综合能耗除以饭店的总建筑面积。数值以千克标准煤/建筑平方米表示,按照公式(2)计算。

$$E_d = E/M \quad \cdots\cdots\cdots\cdots\cdots\cdots\cdots\cdots\cdots\cdots\cdots\cdots\cdots\cdots\cdots\cdots\cdots\cdots (2)$$

式中:

E_d:单位面积综合能耗,千克标准煤/建筑平方米;

E:饭店综合能耗,千克标准煤;

M:饭店建筑面积,平方米。

3. 饭店可比单位面积综合能耗的计算

饭店可比单位面积综合能耗等于计划统计期内的饭店单位面积综合能耗乘以修正系数,一项以上的修正系数采用连续乘积的方式。数值以千克标准煤/建筑平方米·年($kgce/m^2 \cdot y$)表示,按照公式(3)进行计算。

$$E_{kd} = E_d \cdot a_1 \ldots a_n \quad \cdots\cdots\cdots\cdots\cdots\cdots\cdots\cdots\cdots\cdots\cdots\cdots (3)$$

式中:

E_{kd}:饭店可比综合能耗,千克标准煤/建筑平方米;

E_d:饭店单位面积综合能耗,千克标准煤/建筑平方米;

a_1:饭店能耗修正系数;

n:饭店第 n 项能耗修正系数。

(五)饭店综合能耗修正系数

能耗修正系数是根据饭店企业能耗数据实测、统计和分析基础上的计算结果。部分内容在第二章第二节"饭店能耗数据调研与评价方法"中已作说明。

1. 饭店设施修正系数

洗衣房:饭店设有洗衣房,洗衣房的功能包括水洗、干洗、熨烫,单位面积综合能耗指标及限额的修正系数为 1.1。

游泳池:饭店设有热水游泳池,容积在 $200m^3$ 以上,单位面积综合能耗指标及限额的修正系数为 1.02。

2. 饭店设备类型修正系数

热力管网:饭店的供热系统为热力管网供热,且无高低峰限量限制的,单位面积综合能耗指标及限额的修正系数为 0.98;有高低峰限量限制的,单位面积综合能耗指标及限额的修正系数为 1.2。

溴化锂空调:饭店空调主机为溴化锂吸收式制冷机的,单位面积综合能耗指标及限额的修正系数为 1.2。

饭店的热源设备为燃煤蒸汽锅炉,单位面积综合能耗指标及限额的修正系数为 1.36。

3. 饭店建筑类型修正系数

城市庭院式建筑:单位面积综合能耗指标及限额的修正系数为 1.18。

度假村:符合本标准定义的度假村,单位面积综合能耗指标及限额的修正系数为 1.14;当建筑形式为集中式建筑时,饭店有旅游度假特色,季节性较强,单位面积综合能耗指标及限额的修正系数为 0.95。

高层建筑:饭店主体为高层、超高层建筑时,建筑高度在 30m 以上,修正系数为 1.05,以后每增加 30m,修正系数加乘 1.05。

二、饭店节能减排措施测评标准

饭店节能减排措施测评是对第一项"饭店单位面积综合能耗测评"的补充,二者共同构成本测评标准。饭店节能减排措施测评(总分 130 分),分为三个部分:"建筑设计与设备运行(分值 88 分)"、"能源管理(分值 26 分)"和"环境保护(分值 16 分)"。主要检查、考核饭店的建筑及机电系统设计、设备选型和运行管理是否科学合理,饭店的能源管理、节能减排和绿色环保具体措施是否高效。

表 4-2 饭店节能减排措施测评标准

序 号	测评内容	各部分总分	各大项总分	各分项总分	各次分项总分	各小项总分	计分
1	建筑设计与设备运行	88					
1.1	建筑		15				
1.1.1	建筑设计			9			
1.1.1.1	建筑总平面设计有利于冬季日照并避开冬季主导风向,夏季利于自然通风				1		
1.1.1.2	建筑平面布局和空间功能安排合理				2		

续表

序 号	测评内容	各部分总分	各大项总分	各分项总分	各次分项总分	各小项总分	计分
1.1.1.3	避免内部大空间的设计				2		
1.1.1.4	有竖向脏布草井道				1		
1.1.1.5	体形系数				1		
	体形系数≤0.4					1	
1.1.1.6	饭店自有绿地面积				2		
	不小于建筑占地面积的40%					2	
	不小于建筑占地面积的30%					1	
	不小于建筑占地面积的20%					0.5	
1.1.2	外墙保温及门窗			6			
1.1.2.1	满足《公共建筑节能设计标准》(GB50189—2005)表4.2.2-4标准				3		
1.1.2.2	向阳大面积玻璃窗(窗墙比>0.4)或玻璃幕墙采用遮阳设施或外贴隔热膜				1		
	0.4<窗墙比≤0.5 无以上隔热措施					0	
	0.5<窗墙比≤0.7 无以上隔热措施					-1	
	0.7<窗墙比,无以上隔热措施					-2	
1.1.2.3	建筑外窗可开启面积不小于外窗总面积的30%,建筑幕墙具有可开启部分或设有通风换气装置				2		
1.2	空调系统		26				
1.2.1	参数设计			1			
	满足《公共建筑节能设计标准》(GB50189—2005)室内环境节能设计计算参数标准				1		
1.2.2	分区设计			2			
	能按不同区域的经营特点进行空调系统的分区设计				2		

续表

序 号	测评内容	各部分总分	各大项总分	各分项总分	各次分项总分	各小项总分	计分
1.2.3	冷水机组			4			
1.2.3.1	性能系数				2		
	>4					2	
	3~4					1	
1.2.3.2	主机随负荷变化的调控性（单机头额定冷量占最大制冷量的比例）				2		
	1/4 以下					2	
	1/4~1/2					1	
1.2.4	输送设备			4			
1.2.4.1	未安装变频装置的水泵扬程与实际压差偏差值（实际压差测试方法：满足最大流量工况下，水泵供回水口的压差）				2		
	<10%					2	
	<25%					1	
	30%以上					−1	
1.2.4.2	采用变流量空调水系统				2		
	建筑面积大于20000 ㎡且无变流量设计或冷热水泵未分设					−2	
1.2.5	风管、水管			2			
1.2.5.1	水管、风管采用较好的保温材质，夏季全系统无结露现象					1	
1.2.5.2	具备水质处理的设备或工艺					1	
1.2.6	冷却水系统			2			
1.2.6.1	具有过滤、阻垢、杀菌、灭藻等水处理功能或进行水处理					1	

续表

序　号	测评内容	各部分总分	各大项总分	各分项总分	各次分项总分	各小项总分	计分
1.2.6.2	冷却塔设置在空气较流通场所,且有减少飘水措施				1		
1.2.7	末端设备				11		
1.2.7.1	风机盘管安装电动二通阀且完好率在90%以上				1		
1.2.7.2	风机盘管采用自动温控装置				1		
1.2.7.3	公共区域采用变风量、变水量系统				1		
1.2.7.4	新风机组采用风量可调装置,可按外界温度调节新风量				1		
1.2.7.5	采用全热交换新风机				2		
1.2.7.6	客房采用智能化控制系统				1		
1.2.7.7	饭店设有运行有效的楼宇自控系统(BAS)				2		
1.2.7.8	积极利用可再生能源				2		
1.2.8	补充						
	如采用分体空调或VRV系统,或1.2.3与1.2.4两项共得6分以上的加1分						
	1.2.3项如利用峰谷电政策,安装冰(水)蓄冷系统的加1分						
	1.2.3采用地源、水源热泵系统,且运行可靠的加3分						
	1.2.3.2项如主机安装变频系统的加2分						
1.3	热力系统			13			
1.3.1	热源				3		
	能源选择合理,折算后单价为当地最优单价					3	
	能源选择合理,折算后单价适中,在可选常规能源中最低					2	

第四章 江苏省旅游饭店行业节能减排考核体系
Chapter 4 The Evaluation Methods of Energy Conservation of Jiangsu Hospitality Industry

续表

序 号	测评内容	各部分总分	各大项总分	各分项总分	各次分项总分	各小项总分	计分
	能源选择时已考虑价格因素及发展趋势					1	
1.3.2	辅助热源				6		
1.3.2.1	采用经济热能				3		
	安装集热式太阳能热水装置，且可满足全年4个月以上80%卫生热水需求量					3	
	冷水机组带余热回收装置，且满足全年4个月以上、80%以上卫生热水需求量					2	
1.3.2.2	安装洗衣房余热回收装置					1	
1.3.2.3	安装锅炉余热回收设备并运行可靠					1	
1.3.2.4	安装蒸汽换热冷凝水回收利用设备并运行可靠					1	
1.3.3	锅炉设备（主热源为热泵系统该项得满分，该项不重复得分）				2		
	锅炉效率					2	
	锅炉效率>91%					2	
	锅炉效率85%~90%					1	
1.3.4	换热设备				2		
1.3.4.1	能源为一次转换（饭店内仅换热一次）					1	
1.3.4.2	供热设备单台装机容量<最大使用负荷70%（最大使用负荷如无实测，按95W/m² 计算）					1	
	采用直热式电锅炉或电热水器					-2	
1.3.5	补充						
	如饭店安装常压热水炉或真空热水炉，且可满足热水、空调使用，则1.3.2.3、1.3.2.4项可各得1分						
	如饭店采用热泵系统供热，则1.3.2.3-1.3.4.1项可得满分						

续表

序　号	测评内容	各部分总分	各大项总分	各分项总分	各次分项总分	各小项总分	计分
1.4	给排水系统		10				
1.4.1	分区设计			2			
1.4.1.1	水系统分区底层用水点干管压力低于0.45MPa				1		
1.4.1.2	水系统分区底层用水点水嘴压力低于0.25MPa				1		
1.4.2	供水			5			
1.4.2.1	充分利用市政余压				1		
1.4.2.2	热水系统与给水系统同源同压（闭式同程系统）				1		
1.4.2.3	员工浴室用水定量控制				1		
1.4.2.4	合理选用节水器具				1		
1.4.2.5	绿化、景观、洗车等用水采用非传统水源				1		
1.4.3	其他			3			
1.4.3.1	集中回收空调冷凝水并利用				1		
1.4.3.2	非传统水源利用率不低于15%				2		
1.5	照明及动力系统		16				
1.5.1	变配电系统			5			
1.5.1.1	变压器的装机容量不超过最大使用负荷1.5倍（最大使用负荷如无实测按55VA/m² 计算）				1		
1.5.1.2	系统可按季节性的负荷变化控制变压器投运台数				2		
1.5.1.3	变压器电压可带载自动调节				2		
	变压器的装机容量超过最大使用负荷2倍以上					−1	
1.5.2	照明			7			
1.5.2.1	设计时充分考虑自然光				1		
1.5.2.2	户外照明				2		
	户外照明50%以上采用节能型灯具					2	

第四章　江苏省旅游饭店行业节能减排考核体系
Chapter 4　The Evaluation Methods of Energy Conservation of Jiangsu Hospitality Industry

续表

序　号	测评内容	各部分总分	各大项总分	各分项总分	各次分项总分	各小项总分	计分
	户外照明40%以上采用节能型灯具					1	
1.5.2.3	灯光调节				4		
1.5.2.3.1	大功率照明区域采用智能型调光设备					2	
1.5.2.3.2	公共区域照明采用多回路设计,可满足不同场景需求					1	
1.5.2.3.3	公共楼道、后勤通道采用感应式照明					1	
1.5.3	动力设备				4		
1.5.3.1	集中排风系统,可按时段控制运行					2	
1.5.3.2	电梯具有自动休眠或自发电功能					1	
	两台以上电梯未配置群控功能					−1	
1.5.3.3	供电装置可靠,变压器供电电压与末端最不利点电压差值不大于变压器输出电压的4%					1	
1.6	能耗监测管理系统		8				
1.6.1	能耗采集系统			4			
	饭店已按管理职能分区(三级分区,分项至独立区域或班组),安装分项分类计量并通过计算机管理				4		
	饭店已按管理职能分区(二级分区,分项至部门),安装分项分类计量并通过计算机管理				3		
	饭店已按部门、对重点能耗设备分装计量				2		
	饭店对重点能耗设备进行独立计量管理				1		
1.6.2	能耗管理系统			4			
	局域网能耗管理系统,各部门可实时反映能耗与能耗定额的对比,工程数据分析功能完善				4		
	采用计算机管理,可分析主要能耗设备效率、综合能源单价,实时反映能耗与指标值的变化				2		

续表

序 号	测评内容	各部分总分	各大项总分	各分项总分	各次分项总分	各小项总分	计分
	采用计算机管理,可分析主要能耗设备效率、综合能源单价,进行数据对比				1		
2	能源管理	26					
2.1	能源管理组织		3				
	饭店成立以总经理为首的节能减排管理机构,并定期开展活动,有相应考核指标			3			
	饭店以工程部或其他职能部门为节能减排管理的主要部门,并定期开展活动,有相应考核指标			1			
2.2	管理人员素质		4				
2.2.1	主要能源管理人员接受专业机构节能培训并通过考核			1			
2.2.2	职能部门管理人员素质			3			
	工程部经理具有工科本科以上学历或技术类中高级专业职称				3		
	工程部经理具有工科大专以上学历或技术类中级专业职称				2		
	工程部经理具有工科大专以上学历				1		
2.3	节能减排培训与宣传		5				
2.3.1	宣传机制			2			
	饭店建立低碳、节能减排培训与宣传机制,并有相应负责人,定期开展工作				2		
	饭店有固定的节能减排宣传栏并定期更新				1		
2.3.2	对入店新员工进行节能减排知识培训与考核			1			
2.3.3	营业区域设置节能减排服务方式的提示标志			2			

第四章 江苏省旅游饭店行业节能减排考核体系
Chapter 4 The Evaluation Methods of Energy Conservation of Jiangsu Hospitality Industry

续表

序 号	测评内容	各部分总分	各大项总分	各分项总分	各次分项总分	各小项总分	计分
2.4	节能减排制度建设（每少一项扣1分）						
2.4.1	重点能耗设备分类台账						
2.4.2	重点能耗设备保养标准与记录						
2.4.3	各区域空调运行标准及运行记录						
2.4.4	新风机组运行标准及运行记录						
2.4.5	中央空调供水变水温运行标准与中央空调运行记录						
2.4.6	中央空调水系统水质处理标准与记录						
2.4.7	冷热水用水点水压控制标准及实测记录						
2.4.8	热水供水温度标准及运行记录						
2.4.9	公共区域灯光管理标准						
2.4.10	户外照明管理标准及运行记录						
2.5	能源管理措施		8				
2.5.1	建立设备节能减排运行台账（包括运行方法、评价指标）			2			
2.5.2	建立能源管理目标与实施方案			2			
2.5.3	能源计量表的校准			1			
2.5.4	开展合同能源管理			3			
2.6	节能减排检查与考核		6				
2.6.1	能管监察			2			
	饭店成立节能减排质检小组（或由质检部兼任）并有相应的检查考核标准				2		
	工程部进行定期的节能减排检查并有相应记录				1		
2.6.2	能源考核			2			
	饭店对班组长以上制定考核指标并实施				2		

续表

序　号	测评内容	各部分总分	各大项总分	各分项总分	各次分项总分	各小项总分	计分
	饭店对部门经理以上制定考核指标并实施				1		
2.6.3	能耗分析报告制度			2			
	饭店执行能源分析日报告制度,并有实际分析及控制内容				2		
	饭店执行能源分析汇报制度,周期不超过1周,并有实际分析及控制内容				1		
	饭店执行能源分析汇报制度,周期不超过1个月,并有实际分析及控制内容				0.5		
3	环境保护	16					
3.1	地址环境保护			5			
3.1.1	场地建设不破坏当地自然水系、湿地、基本农田、森林和其他保护区,与环境协调较好				1		
3.1.2	合理采用屋顶绿化、垂直绿化等方式				1		
3.1.3	绿化物种选择适宜当地气候和土壤条件的乡土植物,且采用包含乔、灌木的复层绿化				1		
3.1.4	场地交通组织合理,饭店到达公共交通站点的步行距离不超过500m				1		
3.1.5	合理开发利用地下空间				1		
3.2	节材			5			
3.2.1	建筑造型要素简约,无大量装饰性构件				1		
3.2.2	土建与装修工程一体化设计施工,不破坏和拆除已有的建筑构件及设施,避免重复装修				1		
3.2.3	办公、商场等功能室内采用灵活隔断,减少重新装修时的材料浪费和垃圾产生				1		
3.2.4	装修用材考虑耐久性,装修设计考虑易维护性				1		

续表

序　号	测评内容	各部分总分	各大项总分	各分项总分	各次分项总分	各小项总分	计分
3.2.5	有完善的建筑、装修、设施的维护机制与手段,延缓周期性装修的频率					1	
3.3	室内环境			2			
3.3.1	建筑围护结构内部和表面无结露、发霉现象					1	
3.3.2	建筑设计和构造设计有促进自然通风的措施					1	
3.4	环保			4			
3.4.1	游泳池、水景等采用臭氧水处理					1	
3.4.2	使用本地采购和生产的材料、家具、原料等					1	
3.4.3	使用环保装修材料					1	
3.4.4	可循环物品的存储与收集					1	
总分		130					

三、测评考核方法

饭店节能减排考核评定等级分为五级,按"饭店单位面积综合能耗(可比单位面积综合能耗)"和"节能减排措施"两项指标的测评得分进行评定。见下表:

表4－3　饭店能耗等级相应分值设定表

级别	单位面积综合能耗测评得分	节能减排措施测评得分
一级	90	95
二级	80	85
三级	70	75
四级	60	65
五级	50	55

第三节 对考核体系文本的说明和解释

一、考核方法说明

本体系考核方法以饭店单位面积综合能耗(可比单位面积综合能耗)测评为主,节能减排措施测评为辅,要求两项测评均达到分值要求方可评定相应等级。如饭店的单位面积综合能耗(可比单位面积综合能耗)测评得分已达某等级分值要求,但节能减排措施得分未达相应等级要求,则最终评定等级下降一级。例如:某饭店的单位面积综合能耗(可比单位面积综合能耗)测评得分为82分,节能减排措施测评得分为80分,则最终评定等级仍为三级;单位面积综合能耗得分90分,节能减排措施得分95分,则最终评定等级为一级。

"可比单位面积综合能耗"指标为"单位面积综合能耗指标"值与各项修正系数的累计乘积得出。如某饭店为煤锅炉用户,有洗衣房,则一级的"可比单位面积综合能耗"指标为 $32 \times 1.1 \times 1.36 = 47.872 kgce/m^2 \cdot y$。

二、饭店节能减排措施测评标准说明

(一)建筑设计与设备运行

1. 建筑总平面设计有利于冬季日照并避开冬季主导风向,夏季利于自然通风

条文说明:选自《绿色建筑评价标准》(GB50034—2004)5.2。

2. 建筑平面布局和空间功能安排合理

条文说明:该条文指饭店满足本星级功能标准,分区流线合理,充分利用建筑面积和空间,布局合理。如尽可能缩减无效空间,保持空调区域与非空调区域的有效分隔,采取避免主要出入口空调损失的措施,会议室、多功能厅等客流量大的功能区设置在低楼层,减少电梯使用等。饭店的餐饮、娱乐、会议、健身等功能区域宜相对集中布置,这些区域在饭店中属于公共区域,区域面积大、人流量大、用

能时间段明显,用能要求高。饭店运行的经验表明,上述功能区域相对独立,集中布置,特别是集中布置于裙房部位,能减少能源的消耗。分散布置降低了用能的经济性。另外,饭店主入口、团队通道应安装双层门或旋转门,员工通道、货物通道可安装风幕,或设计门斗,或悬挂门帘,防止室内冷、热量损失。

3. 避免内部大空间的设计

条文说明:饭店建筑内部空间充分利用,尽量避免中庭空间的设计,必须设置时,中庭不超过两层或12米,中庭的天窗应设置窗帘。尽量避免大面积的大堂的设计,大堂的面积与饭店规模相匹配。

4. 有竖向脏布草井道

条文说明:竖向脏布草通道指通过非动力形式的垂直布草井道,用于回收楼层脏布草,减少服务电梯的使用。

5. 体形系数

条文说明:指建筑物与室外大气接触的外表面积与其所包围的体积的比值,比值越小,说明建筑围护体的散热面积相对较小。外表面积中,不包括地面和非空调楼梯间隔墙和户门的面积;参照《公共建筑节能设计标准》(GB 50189—2005)4.1.2。

6. 饭店自有绿地面积

饭店建筑外的热环境影响饭店的能耗。饭店可通过加强建筑周边的环境绿化,减少地面铺装材料的反射率,减少饭店建筑的热岛效应。饭店周边场地不透水的表面,如停车场、人行道、广场等,至少30%的面积应提供遮阳或采用浅色的地面材料。提供遮阳的方式可以采用适应本地气候的树木或植被。

7. 满足《公共建筑节能设计标准》(GB50189—2005)表4.2.2-4标准

条文说明:《公共建筑节能设计标准》(GB50189—2005)中的表4.2.2-4规定了夏热冬冷地区围护结构传热系数和遮阳系数限值(见表2-16)。如无法取得原始设计依据,可根据项目开工建设时间测评,2006(含)年后开工建设的项目,可认为满足这一指标。饭店在建筑改造中,应积极采用墙体保温技术。墙体保温技术分为墙体内保温和墙体外保温。墙体保温技术极大地提高了建筑保温和隔热的性能,有效降低饭店建筑的能耗。良好的遮阳系统,可减少日射得热的50%~80%。饭店中利用大面积天窗采光的厅堂,应在天窗采光部位安装可开启式遮光装置。

8. 向阳大面积玻璃窗(窗墙比>0.4)或幕墙采用遮阳设施或外贴隔热膜

条文解释:本项指标部分取自《公共建筑节能设计标准》(GB50189—2005)表4.2.2-4标准,带反光帘的隔热窗帘属于遮阳设施。

9. 建筑外窗可开启面积不小于外窗总面积的30%,建筑幕墙具有可开启部分或设有通风换气装置

条文解释:本项选自《绿色建筑评价标准》(GB/T50378—2006)5.2.7;建筑幕墙换气装置指非动力形式的换气设施。

10. 满足《公共建筑节能设计标准》(GB50189—2005)室内环境节能设计计算参数标准

条文解释:本项选自《公共建筑节能设计标准》(GB50189—2005);空调的运行标准对能耗影响较大,特别是室内空调的温度设定和新风量。因此,在设计和运行中合理控制这两项参数,对节约能耗有较大意义。

表4-4 空气调节系统室内计算参数

摘自《公共建筑节能设计标准》(GB50189—2005)表3.0.1-2

参数		冬季	夏季
温度(℃)	一般房间	20	25
	大堂、过厅	18	室内外温差≤10
风速(v)(m/s)		0.10≤v≤0.20	0.15≤v≤0.30
相对湿度(%)		30~60	40~65

注:选自《公共建筑节能设计标准》(GB50189—2005)

表 4－5　公共建筑主要空间的设计新风量

摘自《公共建筑节能设计标准》(GB50189—2005)表 3.0.2

建筑类型与房间名称			新风量[m³/(h·p)]
旅游旅馆	客房	5 星级	50
		4 星级	40
		3 星级	30
	餐厅、宴会厅、多功能厅	5 星级	30
		4 星级	25
		3 星级	20
		2 星级	15
	大堂、四季厅	4~5 星级	10
	商业、服务	4~5 星级	20
		2~3 星级	10
	美容、理发、康乐设施		30

11. 能按不同区域的经营特点进行空调系统的分区设计

条文解释:综合型饭店中,大厅、餐饮、客房、会议、娱乐等功能对空调系统使用的时间、温度、新风量等要求均有所不同,也存在明显的季节性特点。比如,餐厅、娱乐的空调水系统、风系统最好是独立的,因为常常在外界气温不太高时,饭店只有该区域需要冷空调。饭店内的大空间区域,如大厅、多功能厅等应独立使用集中式空调,同时,空调区域应该按各功能的营业时间进行划分;小空间如小宴会厅等应使用风机盘管加新风的空调方式,便于控制。混合的、不考虑经营特点的水系统及风系统会造成不必要的浪费,增加无效损耗。本条文不包括楼宇自控等智能控制系统及四管制空调系统。

12. 冷水机组性能系数

条文说明:以厂家技术手册数据为准。性能系数是指在额定工况和规定条件下,冷水机组进行制冷运行时的制冷量与有效输入功率的比值,也称为能效比(EER),性能系数直接影响空调系统的运行能耗。从机组选型看,压缩式制冷机

(如离心式制冷机、螺杆式制冷机)的性能系数高于吸收式冷水机组。各类压缩式制冷中,离心式制冷机的性能系数相对最高。

13. 主机随负荷变化的调控性

条文说明:冷水机组随空调负荷变化的调控性,并非指机头自动加减载或离心机的吸气导叶调节等设备自带的调节功能。本测评项是指:当空调负荷变化时,冷水机组群所开启的实际机头数与负荷的匹配性,以单机头额定制冷量占总冷负荷的比例作为评价标准。指标值越小,说明系统运行的经济性越好。总冷负荷指实际最大开机负荷,如无实测数据,可按 $80W/m^2$ 乘以建筑面积得出。如饭店使用的离心制冷机采用主机变频控制,本项可得满分。

14. 水泵扬程与实际压差偏差计算方法

条文说明:该测评项可用公式进行计算,即:(水泵铭牌额定扬程－水泵供回水口的实际压差)/水泵供回水口的实际压差。偏差越大,表明水泵容量超配越严重。容量超配一是造成投资额增加,二是带来运行能耗的增加。

15. 采用变流量空调水系统

条文说明:指空调冷冻水泵、冷却水泵采用变频调速技术,可根据外界气温及饭店实际空调负荷需求,保持合理的循环水量,而不是始终按设计最大循环水量运行,从而保证水泵的经济运行。通过在冷冻水水泵和冷却水水泵加装变频器,节能效果一般在20%以上。

16. 建筑面积大于 $20\,000m^2$ 且冷热水泵未分设

条文说明:夏季空调冷冻水与冬季空调热水的设计温差不同,运行流量也就不同。因此,通常情况下,一定规模($20\,000m^2$ 以上)的饭店均应分别设置冷、热水泵,以保证运行的经济性。

17. 水管、风管采用较好的保温材质,夏季全系统无结露现象

条文说明:夏季时,无论空调水管还是风管结露,都说明其保温性能不好,必然产生能量损失。

18. 具备水质处理的设备或工艺

条文说明：指空调冷冻水系统的水处理，包括物理或化学水处理方式，可防止管道生锈和结垢，保证空调使用效果及系统的传热性能、管道的使用寿命等。

19. 具有过滤、阻垢、杀菌、灭藻等水处理功能或进行水处理

条文说明：指对空调冷却水系统进行的水质处理，防止系统中产生结垢及菌类、藻类生成，以保证系统的运行效率和使用寿命。

20. 风机盘管安装电动二通阀且完好率在90%以上

条文说明：风机盘管安装电动二通阀是实现变流量水系统的基础，变流量水系统是指通过变频装置，适时地保证适当的冷冻水的循环量，从而减少能耗。

21. 风机盘管采用自动温控装置

条文说明：如无温控装置，在开启状态下，无论环境温度是否达到设定值，风机盘管将始终保证运行状态，增加能耗。

22. 公共区域采用变风量、变水量系统

条文解释：变风量空调系统是通过改变送风量的方法实现室内温湿度控制。当室内负荷降低时，系统减少风量的输送，从而降低系统的运行能耗。资料显示，变风量系统能减少30%的能耗，同时，提高室内的舒适性。中央空调系统在设计时通常按天气最热(冷)、负荷最大时设计，并且留10%～20%设计余量。然而在实际运行中，绝大部分时间中央空调是不会运行在满负荷状态下，存在较大的富余，所以节能的潜力较大。

这里的公共区域指宴会大厅、大堂等采用全空气处理系统的区域；变风量指风机采用变频调速、多台风机按实际需求开启等措施；变水量指根据设定的温度来自动调节通过空调机组的水量。变风量、变水量空调系统是实现合理能耗的重要技术手段。

23. 新风机组采用风量可调装置，可按外界温度调节新风量

条文解释：在保证空调使用效果前提下，合理控制新风量可减少能源消耗；本条文包括全空气处理系统通过手动方式调节新风量，也包括全新风系统变频调速

手动调节,但不包括空调系统中的风管调节阀调节方式。

24. 采用全热交换新风机

条文解释:全热交换新风机是指具备热交换功能的新风机组,通过回风对新风进行预冷(热),即充分利用室内排出空气的冷量(热量),从而提高运行效率、减少能耗。

25. 客房采用智能化控制系统

条文解释:客房的智能化控制系统一般可实现当房间无人时,自动关停空调,卫生间灯光和排气扇在有人时自动开启、无人延时关闭等功能,对降低能耗有一定作用。

26. 饭店设有运行有效的楼宇自控系统(BAS)

条文解释:楼宇自动控制系统是智能建筑的核心系统之一。该系统以中央处理计算机为中心,对建筑物内部的设备进行全面控制与管理,能够随时按需调整建筑物内部的温度、湿度、照明强度和空气清新度等,达到节约能源与人工成本的效果。饭店应积极采用楼宇自动控制系统,经验表明,与普通建筑相比较,采用楼宇自控系统(BAS)的建筑可节约能源5%~15%。

27. 积极利用可再生能源

条文解释:饭店利用可再生能源的方式,可以是自行设置可再生能源利用系统或购买由可再生能源产生的电能或热能。饭店可利用的可再生能源主要有:利用太阳能热水器生产热水,以补充饭店生产、生活用热水;利用太阳能光电技术进行庭院、路灯及建筑轮廓灯照明;在地热条件较好的地区,利用地热采暖或生产生活用热水;位于沿海地区建的饭店,开发利用潮汐能;在风力较大的地区建设高层饭店,采用风力涡轮发电机进行发电以补充饭店的电能;度假村类型的饭店考虑利用沼气等生物质能。饭店利用可再生能源要考虑技术的可行性与成熟度、设备维护与使用寿命等因素。

28. 如采用分体空调或 VRV 系统,或1.2.3与1.2.4两项共得6分以上的加1分;1.2.3项如利用峰谷电政策,安装冰(水)蓄冷系统的加1分;1.2.3采用地源、

水源热泵系统,且运行可靠的加 3 分;1.2.3.2 项如主机安装变频系统的加 2 分

条文解释:这些系统(设备)都是提高能源利用效率的措施或性能系数较高的设备,目前在行业中的运用也很广泛。

分体空调或 VRV 系统属于热泵类设备;地源、水源热泵系统,主要以水、空气或大地为低温热源,投资较大,运行经济性能好。

冰(水)蓄冷技术是减少系统冷水机组运行时间,在电网后半夜低谷时间(低电价)开机,将冷量以冰(低温冷冻水)的方式蓄存起来,在电网高峰用电(高价电)时间内,冷水机组停机或者满足部分空调负荷,其余部分用蓄存的冷量来满足,从而达到"削峰填谷"的目的。

主机变频是指制冷机主机采用变频技术,可以根据空调负荷调整主机转速,从而降低输入功率,减少能耗。

29. 热源

条文解释:根据当地条件,在地方政策许可的前提下选择优质热源,可按(元/10^4 kcal)评价;能源(冷)热量单价的计算方法:能源单价/能源热值/(综合使用效率×10000)=(冷)热量单价。能源单价及综合使用效率见表 2-17"能源热量单价及转换效率比较"(各地能源单价可能有所不同,可同比例参照)。在设备选型时,考虑当地能源种类及价格因素,选择最优方案,是保证饭店合理能耗的基础。

30. 安装洗衣房余热回收装置

条文说明:洗衣房废水及排风中具有较大热量,余热回收是指通过热交换对废水或排风中的余热进行回收利用,提高能源利用效率。

31. 安装锅炉余热回收设备并运行可靠

条文说明:指对锅炉的排烟进行余热回收利用,提高能源利用效率。饭店锅炉烟气的排烟温度一般在 210℃~250℃,烟气余热回收利用是指采用热交换技术,利用烟气中的热量,用于加热生活热水。但这种利用方式要注意不能过量利用烟气余热,烟气温度在降到 180℃以下时,可能会产生酸性凝结水,造成腐蚀。

32. 安装蒸汽换热冷凝水回收利用并运行可靠

条文说明:指蒸汽冷凝水回收达到50%以上,并进入锅炉软水箱或用于洗碗间等非直接作为生活热水使用。饭店供热系统中的冷凝水主要是蒸汽经过热交换器等设备,释放热量后产生冷凝水,冷凝水的温度非常高,而且不需要进行软化处理,可以立即返回锅炉。冷凝水一般与经过离子交换后的软水混合,提高锅炉炉水的进水温度,提高锅炉的热效率,因此,应设计冷凝水水箱,回收冷凝水。

33. 锅炉设备效率

条文说明:指用于采暖及热水制取的设备,包括蒸汽锅炉、真空热水机、常压锅炉等,以设备厂家技术说明为准。

34. 能源为一次转换(饭店内仅换热一次)

条文说明:能源的转换次数为商品能源进入饭店后的转换和换热次数,如商品电经冷水机组转换为冷量为一次使用,自来水通过市政蒸汽或热水锅炉换热为一次转换;天然气转换为蒸汽,然后通过蒸汽与换热器进行热交换,用于制取热水或采暖则属于二次转换;虽洗衣房、厨房等也使用蒸汽,但属于锅炉制取蒸汽后直接使用,属于一次转换。能源的转换次数越多,则转换效率势必降低,损耗增加。

35. 供热设备单台装机容量<最大使用负荷70%(最大使用负荷如无实测,按 $95W/m^2$ 计算)

条文说明:实际运行中,饭店的供热需求很少会出现最大负荷,如果单台设备的容量配置过大,意味着该设备常常处于低负荷运行状态,低负荷则造成设备运行效率下降。

36. 采用直热式电锅炉或电热水器

条文说明:电锅炉的综合热效率只有0.95左右,通常不宜采用,见表2-17"能源热量单价及转换效率比较"。

37. 水系统分区底层用水点干管压力低于0.45MPa

估算方法:分区底层用水点的干管压力可按0.15MPa+本水系统分区的垂直高度m/100估算。0.15MPa为水龙头正常使用的基本压力,水的自然落差在100

米时的压力为1MPa。水系统的分区设计不合理,往往造成局部区域的水压偏大,既浪费能源,又会造成水龙头"超流量"现象。

38. 水系统分区底层用水点水嘴压力低于0.25MPa

条文说明:可由压力表测试,如进房间的支管未安装减压阀,可按上述干管压力的估算公式进行计算。

39. 充分利用市政余压

条文说明:指饭店裙房、地下室等直接用市政供水,减少二次供水时产生的能源消耗。

40. 热水系统与给水系统同源同压(闭式同程系统)

条文说明:冷、热水系统"同源同压"是较合理的系统设计,设置一套水泵,运行中易实现冷、热均衡,不易产生使用中的调节损失。

41. 员工浴室用水定量控制

条文说明:饭店在满足员工沐浴的要求下,改变员工浴室的用水管理方式,促使员工节约用水。例如,在员工浴室安装智能感应式节水系统,促使员工自觉控制用水量。智能感应式节水系统是通过刷卡的方式来控制阀门的开关,实现自动计费。该系统的实质是通过经济手段,促使员工合理用水,减少水的浪费。

42. 合理选用节水器具

条文说明:饭店应使用节水型、低噪声坐便器。冲水噪声小,冲水箱的用水分大解小解,引导客人正确使用。逐步淘汰传统的9升以上的坐便器,改为6升型或更低用水标准的坐便器。小便斗应设有感应冲水装置。

43. 集中回收空调冷凝水并利用

条文说明:是指空调机组、风机盘管、组合式空调器等产生的冷凝水,通过集中回收的方式进行再利用。

44. 非传统水源利用率不低于15%

条文说明:非传统水源指雨水、中水、河水等非市政供应的水源,本条文选自《绿色建筑评价标准》(GB/T 50378—2006)5.3.11。比如,饭店可设置并使用雨水收集系统,尤其是占地面积较大的饭店,如度假型饭店等。雨水收集系统收集饭店建筑屋顶、硬化道路、广场等的雨水,通过简单的收集并处理,即可以用于饭店庭院绿化灌溉、景观水补充等,减少对高品质生活饮用水的使用。

45. 变压器的装机容量不超过最大使用负荷1.5倍(最大使用负荷如无实测,按 $55VA/m^2$ 计算)

条文说明:变压器装机容量过大则必然造成运行中的损耗过大,效率降低。江苏地区的饭店,变压器的使用负荷一般在 $55VA/m^2$。饭店变压器的额定容量应与饭店的用电要求相匹配,变压器的运行负荷应为额定容量的75%~90%。如果饭店实际的运行负荷经常小于额定容量的50%,则应更换容量较小的变压器。

46. 系统可按季节性的负荷变化控制变压器投运台数

条文说明:在不同季节,饭店的用电负荷差别较大;控制变压器投运台数则可保证其运行效率。

47. 变压器电压可带载自动调节

条文说明:使用可带载调压的变压器可以更加准确、适时地保证运行效率,并保证设备及灯具的使用寿命。

48. 设计时充分考虑自然光

条文说明:指餐厅、会议厅、过道、地下室等区域考虑自然光的使用,以减少白天的照明耗电。不包括客房的落地窗和大堂部位的玻璃幕墙等。

49. 户外照明节能型灯具百分比

条文说明:节能型灯具指LED光源,百分比指灯具的数量百分比。在提供相同照度的情况下,LED光源消耗的电量为普通光源的30%。

50. 大功率照明区域采用智能型调光设备

条文说明:大功率照明区域指大堂、宴会厅、会议厅等高密度照明、且以白炽灯类照明为主的区域。智能调光节电技术通过对负载的工作电压、电流进行实时控制,以提供最适宜的工作电压和电流,产生较好的节电效果,并且使灯具寿命大大延长。使用效果显示,饭店的室外霓虹灯、外墙照明、室内照明的节电率可在15%以上。

51. 公共区域照明采用多回路设计,可满足不同场景需求

条文说明:本条文指公共区域的照明回路,可以满足高客流时段、一般客流时段、夜间等不同的照明需求;在经营中可根据实际需要开关相应灯具,提高用电效率。

52. 公共楼道、后勤通道采用感应式照明

条文说明:饭店应确定不同区域的室内照度标准和灯具的开关制度,严格执行。例如,庭院照明灯夏季在早晨5:00关闭,冬季则可在早晨6:30关闭;灯具的开关尽可能采用自动控制。经验表明,饭店公共楼道、后勤通道应采用感应式照明控制,仅仅靠人工控制灯具的开关,很难真正实施。

53. 集中排风系统,可按时段控制运行

条文说明:餐厅、客房等区域的排风系统应按实际需要进行集中控制运行,比如餐厅排风按上座率,客房可在中午及晚间、夜间开启排风,其他时间关闭。

54. 电梯具有自动休眠或自发电功能

条文说明:统计表明,饭店电梯的能耗占饭店用电量的5%左右,因此,采用电梯节能技术有利于饭店降低综合能耗。自动休眠功能通常是在无人使用时,电梯里的灯、通风装置等自动关闭。自发电功能是将电梯运行过程中的重力势能转化为电能,提高了电梯运行过程再生能量的高效利用。

55. 两台以上电梯未配置群控功能

条文说明:如果多台电梯未配置群控功能,一是造成客人不便,二是会出现客人按键呼多台电梯,增加电梯的无效运行功耗。

56. 供电装置可靠,变压器供电电压与末端最不利点电压差值不大于变压器输出电压的4%

条文说明:动力在输送过程中的损耗比较大,因此,配电房的位置、系统设计的合理性显得尤其重要,可在一定程度上降低线路损耗。

57. 能源分项计量管理

条文说明:能源分项计量是饭店能源量化管理的基础,是指在饭店的各部门、各工作区域、客用区域,如各工作间、机房、各个客房楼层都安装独立的冷热水、电、蒸汽计量表,形成饭店内部的能源计量系统,分别对各区域的用能进行统计分析。

58. 能耗管理系统

条文说明:是指运用能耗管理系统,准确掌握饭店各区域、各部门准确的水、电、空调、蒸汽等费用;可以直观体现运行方式的改变或节能技改对能耗的影响,通过管理软件对各类能耗的综合单价进行分析,从实际运行参数可以发现饭店的综合能耗单价的变化;可及时提醒各级管理人员,大大提高能源管理的及时性和管理效率。

(二)能源管理

1. 能源管理组织

条文说明:饭店应成立以总经理为首的节能减排管理机构,并定期开展各项节能减排活动,制订节能计划,并有全饭店和各部门的相应考核指标。实践证明,有效的组织机构是实现能源管理的基础,仅仅依靠工程部经理,难以推进全饭店的节能减排工作。

2. 管理人员素质

条文说明:能源管理人员的基本素质和专业水平是做好节能工作的主要因素之一;能源管理主要负责人应接受专业机构节能培训;饭店还应设立能源工程师岗位,为饭店的能源管理提供技术支持;能源工程师可由饭店员工担任,也可聘请饭店外的专业技术人员担任。

3. 节能减排培训与宣传

条文说明:饭店应设专人负责节能减排培训与宣传工作,定期对员工(特别是新员工)进行节能减排知识培训与考核,饭店制订系统的节能培训计划并予以实施。培训计划和管理目标应符合实际情况,并具有连续性。饭店在员工中开展节能培训和讨论,通过丰富多样的形式,调动员工节能的积极性,讨论各项节能操作的可行性,鼓励员工的节能创新行为。例如,设立员工节能创新奖。后台区域应设有节能减排宣传栏,前台区域如大堂、餐厅等设置节能、低碳宣传角,提高住店客人的节能意识;在客房内设置宣传卡,鼓励客人减少资源、能源的使用。节能减排宣传还应包括开展节能营销工作以及向饭店供应商进行节能低碳宣传。

4.节能减排制度建设

条文说明:饭店水、电、空调等主要能耗设备的运行方式、运行参数、维护与管理等均与能源消耗紧密相关;须做到有标准、有制度、有记录。饭店应有重点能耗设备的运行维护档案,明确并严格执行各区域的空调运行标准,冷水机组应根据季节和外界气温采取变水温运行,严格控制生活热水温度及各区域的照明灯具开关等。部分制度及运行标准列举如下:

(1)设施设备的计划维护保养制度,严格实施;加强饭店设备的维护保养,使设备处于完好状态;设备完好,有利于饭店节能。

(2)设施设备故障的报修、巡视制度,及时发现故障设备,及时维修;"带病运行"的设备无法满足需求,存在安全隐患并浪费能源。

(3)饭店所有的服务、操作流程都消耗能源,因此,饭店应积极发动员工,改进服务操作流程,改变服务、操作中浪费能源的习惯,有利于减少能源浪费。例如,餐厅包厢的服务员在清理包厢时,只开启工作灯,关闭装饰灯;前厅员工给客人排房,尽量将客人集中安排,减少空调设备的开启等。

(4)执行饭店能源使用的巡视检查制度,可以发现饭店设备使用和运行中存在的"跑电"、"冒汽"、"滴水"、"漏油"现象,减少能源浪费。

(5)饭店提供的生活热水的出水水温应维持在45℃~50℃。饭店生活热水水温过高,则浪费能源,同时,也容易造成客人烫伤。

(6)中央空调系统在运行时,应根据需要开关冷冻水各回路的阀门;比如:晚间21:00可关闭(或关小)餐饮区域的冷冻水阀门,以减少无效的能耗。

(7)针对饭店各区域的空调、灯具开关制定清晰的操作标准,明确开启、关闭的时间等信息,使员工能准确操作。

5. 建立能源管理目标与实施方案

条文说明:饭店应建立能源管理目标,并将目标进行分解,便于实施。制订与能源管理目标相符合的能源管理实施方案,方案除了常规内容外,应包括节能技术的可行性评价。

6. 能源计量表的校准

条文说明:饭店所有能源计量仪表每年至少进行一次校准,以确保仪表的准确性。计量信息的准确性是能源管理的基本要求。计量仪表的数据信息每日至少记录一次,用于分析能源使用情况。

7. 开展合同能源管理

条文说明:饭店应积极与有资质的节能服务公司合作,推行合同能源管理,提高专业化管理水平和能源使用效率。

8. 能管监察

条文说明:饭店成立节能减排质检小组负责日常检查,并有相应的检查考核标准;制定能耗日分析制度,对出现的问题有检查、有分析、有措施、有跟踪管理。

(三)环境保护

1. 地址环境保护

条文说明:参照和引用《绿色建筑评价标准》(GB/T50378—2006)中的相关内容。饭店建设应以不破坏当地生态系统与自然资源为原则。

2. 节材

条文说明:参照和引用《绿色建筑评价标准》(GB/T50378—2006)中的相关内容。要求饭店在设计及更新改造中注重规划,更加关注细节;尽可能减少施工工程量,减少废弃物和翻修需求。

3. 室内环境

条文说明:室内环境中的霉变和污染物会产生难闻气味甚至造成严重的呼吸系统疾病,而发现之后再对污染物进行清除和补救是非常困难且代价较高的。因此,良好的管道保温、建筑护围体及卫生间防水是关键,另外,浴室、厨房以及建筑的其他潮湿区域应提供相应的排风设施。

4. 游泳池、水景等采用臭氧处理

条文说明:采用臭氧处理可减少对化学品的使用。

5. 使用本地采购和生产的材料、家具、原料等

条文说明:材料、原料等从其源头运输到现场的过程消耗了大量能源。使用本地的材料、家具、原料等减少了由运输带来的环境影响。

6. 使用环保装修材料

条文说明:难闻的、刺激性的和有害的室内空气污染物对饭店客人、员工和安装工的舒适和健康有很大影响。对室内空气质量有很大影响的材料为黏合剂和密封剂、油漆和涂料以及含此类成分的地板材料、复合板材等。

7. 可循环物品的存储与收集

条文说明:新原料的开采加工以及废料的处理都对环境产生了很大的影响;可循环物品的存储与收集回收则可以减少这些影响。物品回收计划应包括对客人的引导和对员工进行回收物的分离和储存方法的培训。回收计划应涉及金属、玻璃、纸板和塑料等。饭店通常应设置一定的储存空间,并与相关单位签订回收协议。

第五章　饭店企业实测调研与后续问题展望

作为一项独立的研究,《考核体系》突出的价值在于首次采用定量研究的方法,对饭店企业的能耗考核进行了系统的实证研究,提出了"饭店单位面积综合能耗(可比单位面积综合能耗)"测评和"节能减排措施"测评并重,并以"饭店单位面积综合能耗(可比单位面积综合能耗)"测评为主的测评考核方式。对于建立饭店行业节能减排测评考核体系、推动节能减排的理论研究、推广节能减排经验、提高全行业能源管理水平具有重要的意义。

第一节　饭店企业实测

按《江苏省旅游饭店行业节能减排考核体系》,在针对苏南、苏中和苏北的两家五星级、一家四星级饭店进行的实测中,其单位面积综合能耗测评和节能减排措施测评的实测得分见表5-1。

表5-1　三家饭店实测评分及节能减排测评等级

饭　店	单位面积综合能耗测评	节能减排措施测评	节能减排测评等级
苏南某五星级饭店	100分	104.5分	一级
苏中某五星级饭店	90分	88分	二级
苏北某四星级饭店	82分	85分	二级

实测结果表明,《考核体系》的能耗测评指标及节能减排措施测评项目是比较合理的,通过测评考核,能够反映出饭店的能源控制与管理水平。以下以苏南某

五星级饭店的实测情况为例作说明。

该五星级饭店位于天目湖旅游度假区,自2005年五星挂牌以来,以其硬件设施、运营管理、优质的服务,受到了社会各界的高度赞誉,在省内外有着良好的市场形象;同时能源管理工作也取得了较好的成绩。连续几年以来,饭店能源费用均控制在营业额的5%~6%。

饭店在经营管理过程中,一直将控制能源费用作为一个重要管理课题,通过多年的经验积累及持续改进改良,饭店在保证工程设施设备正常运行和确保饭店客人享受舒适、方便、安全、有效服务的基础上,最大限度地节能降耗,给饭店创造了明显的经济效益。

一、饭店能源管理状况

(一)原设计

饭店于2004年改造扩建,在改造过程中,饭店高层领导认识到节能降耗对以后经营的重要性,通过与设计院、行业相关专家共同合作,并结合饭店工程部运行管理中积累的经验,经详细的分析与策划,在建筑设计及设备选型、设备安装等多方面均将节能降耗作为权衡、取舍的重要因素。

1. 建筑设计

(1)建筑体形及结构。经周边环境、经营功能要求等综合分析,饭店最终确定为集中式多层建筑,并将重要机房安排在饭店中部地下室,各能源输送管线呈星型分布至各经营点。集中建筑可有效降低建筑体形系数,减少能源的损耗,机房处于中心位置可有效减少能源输送过程的损耗。考虑到当地的冬季主导风向为西北风向,饭店南侧设主出入口,西南侧设后勤入口,避开冬季冷风的贯穿。

虽然在改造时"建筑节能50%的设计规范"尚未普遍执行,但经多方面综合考虑,最终决定增加投入,对饭店的门窗及建筑保温进行升级,采用了气密性较好的优质铝合金中空隔热窗,屋顶增加内贴岩棉板保温;且将外墙确定为米白色外墙涂料,屋顶外涂浅蓝色防水涂料,以增加夏季的热量反射。

由于饭店地处旅游度假区,经营上必须考虑窗户的采景效果,故设计为落地玻璃窗,但这一点在节能降耗上是不利的,经与设计方沟通,最终确定客房部分采用观光阳台结构,在满足客人休闲需求的同时,又起到外遮阳作用。夏季日照角度较大,阳台有效遮挡了阳光直接射入室内,而冬季日照角度小,阳光可有效照到室内,起到恰到好处的作用。另外建设过程中也考虑到公共区域的自然采光。会议厅、餐厅、过道等均有较好的自然光利用。大堂屋面采用天窗式采光结构,外带遥控遮阳设施,夏季启用遮阳设施,避免日照热量进入,冬季完全打开遮阳设施,阳光直接进入大堂,很大程度地减少采暖能耗,日照充足时几乎无须开启空调采暖。

(2)功能布局。在功能布局上综合考虑了经营设施的集中分区设置及服务流线的合理性,将客流量较大的餐饮、会议、多功能厅设置在首层,大大降低了垂直交通压力及电梯能耗,近30000平方米的综合型饭店,约1500个餐位的餐饮规模,仅设置了两台客用电梯,电梯仅需满足客房使用;合理的经营功能分区,还为饭店电力、冷热水、空调等的节能分区设计创造了条件。

(3)设备及系统设计。饭店主要设备采用当时的主流设备,由于改造时,地源热泵等新型能源设备尚无成熟的使用案例,因此未被采用。通过充分调研,制冷系统最终决定尝试使用余热回收型冷水机组,虽然是采用了常规的制冷系统,但在设计时,由于充分地考虑了饭店建筑的负荷变化规律,精确计算饭店的冷热负荷需求,合理选择设备类型和容量,投入运行后,节能效果明显,基本上满足了夏季5个月生活热水的供热需求。变压器2台,总装机量为630kVA,且其中1台专供中央空调冷水机房,这一设计的好处是在冬季时可以关停一台变压器,减少其待机损耗。冷水机组共3台,总制冷量170×10^4kcal/h,共6组带滑阀调节的压缩机,在各种负荷下空调主机均可发挥最大能效;水泵采用多泵并联循环系统,经精确计算,水泵扬程选型为28m,运行后余量仅为3m,可发挥水泵的最高效率。锅炉设计蒸发量为3t/h、2t/h和1t/h各一台,可按实际需求量进行合理使用,夏季余热回收量充足时,仅开启1台1t/h吨锅炉以满足厨房、洗衣房的使用,生活热水完全依靠制冷系统的冷凝热回收进行加热。

另外,在机电系统设计时,还充分考虑功能分区的节能运行要求;餐饮、客房、娱乐等区域的水、电、空调均按独立回路设计,并尽量减少全空气空调系统的使用,尽量使空调分区与各经营功能分区相一致,即使带移动隔断的多功能大厅也考虑了两套独立的空调系统,以减少闲置一半时的空调损耗。大型空调箱、新风机等均考虑风量、水量的可调,并采用楼宇自控系统进行管理。

(二)后期的节能改造

饭店自改扩建投入运营以后,建筑及机电系统的节能设计总体上是合理的,效果也较明显,但依然还存在一些问题与缺陷。同时,随着各项节能技术的逐渐成熟,饭店近几年又进行了一系列节能改造,如表5-2所示。

表5-2 饭店运营后节能改造项目一览表

序号	改造内容	详细情况	节能验证	实施时间(年)
1	中央空调热回收蓄热系统	系统白天产热水量较大,饭店热水需求量较小,导致主机电流升高,夜间产水量小,热水需求量最大时反而不够使用,对该系统进行蓄热改造,实现开闭式系统切换运行,最大限度发挥该系统的功能	25万~30万元/年	2005
2	水泵变频改造	空调循环泵、热水循环泵变频改造	空调水泵节能39.6%	2006
3	职工浴室水控装置	通过考勤计费系统,员工洗澡时打卡,提高员工节水积极性	约节约浴室用水30%	2006
4	蒸汽冷凝水回收利用	回收洗衣房及中央空调热交换器的闭式蒸汽系统冷凝水,进锅炉软水箱,节约热能及软水处理费用	节约费用8万余元/年	2006
5	公共区域智能调光系统	大堂等区域采用智能调光系统,根据营业时段合理调控灯光亮度	未验证	2006
6	锅炉烟气余热回收装置	锅炉排烟安装余热回收装置,减少排烟热能损耗	节约天然气7%	2007

续表

序号	改造内容	详细情况	节能验证	实施时间（年）
7	大面积玻璃外贴隔热膜	餐厅、堂吧等大面积玻璃窗及幕墙外贴隔热膜	餐厅温度比原来降2℃以上，降低空调负荷	2007
8	扶梯自动感应及电梯休眠改造	扶梯在无客人通过时运行30秒，自动停止，有客人通过时自动运行，电梯1小时无人使用，自动进入休眠状态	降低电梯待机损耗	2007
9	夜景照明节电柜	夜景泛光照明安装节电装置，提高灯具功率因数，减少电耗	节电35%	2007
10	厨房节气型炉芯	厨房煤气灶更换节气型炉芯	节气量达20%	2008
11	厨房蒸箱安装节流针孔阀	安装后减小蒸箱蒸汽流量至合理值	减少蒸汽超压损耗	2008
12	餐厅加装分体空调	餐厅供冷约比客房提前和推迟各1个月，造成空调机房难以控制，增加过渡季节空调费用，中餐包间增加分体空调，2套系统均可独立运行，减少过渡季节空调费用	约10万元/年	2009

（三）能源管理

在节能改造基本完成后，饭店开始能源管理流程化建设，结合相关专家意见及饭店工程管理部门多年的运行经验，先后制定了一系列的节能运行管理流程和制度，并成立能源管理小组，各部门经理为组员，总经理统一负责；成立相应的宣传、培训、督查机制。工程部形成了完善的设备运行制度及设备维护责任制度，所有节能规章方法等经总经理审批后全饭店实施，由饭店质检部门统一督查。

实施后取得较好的收益，饭店开展节能宣传、节能培训、节能演讲比赛等活动。经营过程中客房部、楼梯间、客房过道、客房清扫等都实施了灯光控制。餐饮部餐厅，餐前、餐后服务员工作时，仅允许打开清扫灯。前厅部根据客情和外界天气情况，随时进行灯光调节，并指定专职人员管理。工程部根据客情和外界气温，每天分四个时段对热水温度、中央空调主机、冷冻水温度进行调节;并严格执行主要设备的运行规程,由工程部运行班专职负责。其他公共区域,由饭店办公室统一管理,如员工浴室的使用时间及灯光、空调的使用时间等,使饭店能源管理形成了一个比较合理的管理体系。

通过节能改造和系统化的节能管理,饭店节能工作取得很大的成效,至2010年末,饭店能耗费用占营收比降至5.5%,比饭店2005年初期运行时能耗费用节约80余万元,已达到省内节能降耗较好的水平。

(四)能耗定额化建设

虽然饭店节能降耗已取得了一定的成就,但高层管理者仍不满足于现状,进一步向精细化管理要效益。2010年饭店投资40余万元以《旅游饭店星级划分与评定》、《旅游饭店节能减排指引》、《能耗分项计量技术导则》及"行为节能"为导向,实施能耗分项计量能耗定额系统,共安装计量表计100余台,满足相关要求。目前已进入试运行阶段,系统可通过计算机自动实时检测管理6个部门32个岗位的历史及实时能耗数据,并进行各种分析及对比;可实时反映各部门及班组的能源管理业绩,充分提升一线管理人员的节能积极性与主动性。

该系统试运行期间已初步取得一定的成效,目前饭店正在努力收集分析数据,以实际能耗数据引导节能技改及运行管理,力争尽早率先实现饭店"定额化能耗管理"。

二、综合能耗与节能减排措施测评

(一)单位面积综合能耗测评

饭店2011年的逐月实际能耗见表5-3。

表5-3 饭店2011年逐月能耗量

月 份	电(kW·h)	水(吨)	天然气(m³)
1	163 518	5657	78 164
2	138 432	5133	62 041

续表

月 份	电(kW·h)	水(吨)	天然气(m³)
3	125 065	5856	53 529
4	147 970	7159	42 005
5	194 824	8345	37 874
6	222 612	6304	26 371
7	365 398	7706	28 423
8	339 918	6588	29 420
9	219 854	5716	31 169
10	171 810	6765	36 725
11	131 091	6282	41 223
12	147 881	6653	61 480
合计	2 368 373	78 164	528 424
折算标准煤（kgce.y）	291 073.04	6698.65	641 665.26
总标煤（kgce.y）	939 436.95		

饭店总计能耗量为 939 436.95kgce.y，饭店建筑面积为 29 000m²，则饭店的单位面积综合能耗量为 32.39kgce/m².y。由于饭店为度假型饭店，并设有洗衣房，因此，饭店的可比单位面积综合能耗电计算见表 5－4。

表 5－4 饭店可比单位面积综合能耗电计算

单位面积综合能耗指标（kgce/m².y）	洗衣房	度假村	可比单位面积综合能耗（kgce/m².y）
32	1.1	0.95	33.44

结论：饭店实际单位面积综合能耗量（32.39kgce/m².y）低于可比单位面积综合能耗指标值（33.44kgce/m².y），测评得分为 100 分。

(二) 节能减排措施测评

按照"节能减排措施测评"表,对饭店的机电系统运行、设备运行参数及饭店能源管理等各项进行逐一测评,结果如表 5-5 所示。

表 5-5 饭店节能减排措施测评标准实测表

序号	测评内容	各部分总分	各大项总分	各分项总分	各次分项总分	各小项总分	计分
1	建筑设计与设备运行	88					
1.1	建筑		15				
1.1.1	建筑设计			9			
1.1.1.1	建筑总平面设计有利于冬季日照并避开冬季主导风向,夏季利于自然通风				1		1
1.1.1.2	建筑平面布局和空间功能安排合理				2		2
1.1.1.3	避免内部大空间的设计				2		2
1.1.1.4	有竖向脏布草井道				1		
1.1.1.5	体形系数				1		
	体形系数≤0.4					1	1
1.1.1.6	饭店自有绿地面积				2		
	不小于建筑占地面积的40%					2	
	不小于建筑占地面积的30%					1	
	不小于建筑占地面积的20%					0.5	0.5
1.1.2	外墙保温及门窗			6			
1.1.2.1	满足《公共建筑节能设计标准》(GB50189—2005)表4.2.2-4标准				3		3
1.1.2.2	向阳大面积玻璃窗(窗墙比>0.4)或玻璃幕墙采用遮阳设施或外贴隔热膜				1		1
	0.4<窗墙比≤0.5 无以上隔热措施					0	
	0.5<窗墙比≤0.7 无以上隔热措施					-1	

续表

序　号	测评内容	各部分总分	各大项总分	各分项总分	各次分项总分	各小项总分	计分
	窗墙比>0.7,无以上隔热措施					-2	
1.1.2.3	建筑外窗可开启面积不小于外窗总面积的30%,建筑幕墙具有可开启部分或设有通风换气装置				2		2
1.2	空调系统		26				
1.2.1	参数设计			1			
	满足《公共建筑节能设计标准》(GB50189—2005)室内环境节能设计计算参数标准				1		1
1.2.2	分区设计			2			
	能按不同区域的经营特点进行空调系统的分区设计				2		
1.2.3	冷水机组			4			
1.2.3.1	性能系数				2		
	>4					2	2
	3~4					1	
1.2.3.2	主机随负荷变化的调控性(单机头额定冷量占最大制冷量的比例)				2		
	1/4以下					2	2
	1/4~1/2					1	
1.2.4	输送设备			4			
1.2.4.1	未安装变频装置的水泵扬程与实际压差偏差值(实际压差测试方法:满足最大流量工况下,水泵供回水口的压差)				2		
	<10%					2	

续表

序号	测评内容	各部分总分	各大项总分	各分项总分	各次分项总分	各小项总分	计分
	<25%					1	
	30%以上					-1	
1.2.4.2	采用变流量空调水系统				2		2
	建筑面积大于20000㎡且无变流量设计或冷热水泵未分设					-2	
1.2.5	风管、水管				2		
1.2.5.1	水管、风管采用较好的保温材质,夏季全系统无结露现象					1	1
1.2.5.2	具备水质处理的设备或工艺					1	1
1.2.6	冷却水系统				2		
1.2.6.1	具有过滤、阻垢、杀菌、灭藻等水处理功能或进行水处理					1	1
1.2.6.2	冷却塔设置在空气较流通场所,且有减少飘水措施					1	
1.2.7	末端设备				11		
1.2.7.1	风机盘管安装电动二通阀且完好率在90%以上					1	1
1.2.7.2	风机盘管采用自动温控装置					1	1
1.2.7.3	公共区域采用变风量、变水量系统					1	1
1.2.7.4	新风机组采用风量可调装置,可按外界温度调节新风量					1	1
1.2.7.5	采用全热交换新风机					2	
1.2.7.6	客房采用智能化控制系统					1	1
1.2.7.7	饭店设有运行有效的楼宇自控系统(BAS)					2	2
1.2.7.8	积极利用可再生能源					2	
1.2.8	补充						

续表

序 号	测评内容	各部分总分	各大项总分	各分项总分	各次分项总分	各小项总分	计分
	如采用分体空调或VRV系统,或1.2.3与1.2.4两项共得6分以上的加1分						
	1.2.3项如利用峰谷电政策,安装冰(水)蓄冷系统的加1分						
	1.2.3采用地源、水源热泵系统,且运行可靠的加3分						
	1.2.3.2项如主机安装变频系统的加2分						
1.3	热力系统		13				
1.3.1	热源			3			
	能源选择合理,折算后单价为当地最优单价				3		
	能源选择合理,折算后单价适中,在可选常规能源中最低				2	2	
	能源选择时已考虑价格因素及发展趋势				1		
1.3.2	辅助热源			6			
1.3.2.1	采用经济热能				3		
	安装集热式太阳能热水装置,且可满足全年4个月以上80%卫生热水需求量					3	
	冷水机组带余热回收装置,且满足全年4个月以上、80%以上卫生热水需求量					2	2
1.3.2.2	安装洗衣房余热回收装置				1		
1.3.2.3	安装锅炉余热回收设备并运行可靠				1		1
1.3.2.4	安装蒸汽换热冷凝水回收利用设备并运行可靠				1		1
1.3.3	锅炉设备(主热源为热泵系统该项得满分,该项不重复得分)			2			
	锅炉效率				2		

第五章　饭店企业实测调研与后续问题展望
Chapter 5　The Practical Investigations of Hospitality Industry and the Prospect of its Follow-up Problems

续表

序　号	测评内容	各部分总分	各大项总分	各分项总分	各次分项总分	各小项总分	计分
	锅炉效率>91%					2	
	锅炉效率85%~90%					1	1
1.3.4	换热设备			2			
1.3.4.1	能源为一次转换(饭店内仅换热一次)				1		
1.3.4.2	供热设备单台装机容量<最大使用负荷70%(最大使用负荷如无实测,按95w/㎡计算)				1		1
	采用直热式电锅炉或电热水器					-2	
1.3.5	补充						
	如饭店安装常压热水炉或真空热水炉,且可满足热水、空调使用,则1.3.2.3、1.3.2.4项可各得1分						
	如饭店采用热泵系统供热,则1.3.2.3-1.3.4.1项可得满分						
1.4	给排水系统		10				
1.4.1	分区设计			2			
1.4.1.1	水系统分区底层用水点干管压力低于0.45MPa				1		
1.4.1.2	水系统分区底层用水点水嘴压力低于0.25MPa				1		
1.4.2	供水			5			
1.4.2.1	充分利用市政余压				1		1
1.4.2.2	热水系统与给水系统同源同压(闭式同程系统)				1		1
1.4.2.3	员工浴室用水定量控制				1		
1.4.2.4	合理选用节水器具				1		1
1.4.2.5	绿化、景观、洗车等用水采用非传统水源				1		
1.4.3	其他			3			
1.4.3.1	集中回收空调冷凝水并利用				1		1
1.4.3.2	非传统水源利用率不低于15%				2		

167

续表

序 号	测评内容	各部分总分	各大项总分	各分项总分	各次分项总分	各小项总分	计分
1.5	照明及动力系统		16				
1.5.1	变配电系统			5			
1.5.1.1	变压器的装机容量不超过最大使用负荷1.5倍(最大使用负荷如无实测按55VA/㎡计算)				1		1
1.5.1.2	系统可按季节性的负荷变化控制变压器投运台数				2		2
1.5.1.3	变压器电压可带载自动调节				2		2
	变压器的装机容量超过最大使用负荷2倍以上					-1	
1.5.2	照明			7			
1.5.2.1	设计时充分考虑自然光				1		1
1.5.2.2	户外照明				2		
	户外照明50%以上采用节能型灯具					2	2
	户外照明40%以上采用节能型灯具					1	
1.5.2.3	灯光调节				4		
1.5.2.3.1	大功率照明区域采用智能型调光设备					2	2
1.5.2.3.2	公共区域照明采用多回路设计,可满足不同场景需求					1	1
1.5.2.3.3	公共楼道、后勤通道采用感应式照明					1	1
1.5.3	动力设备			4			
1.5.3.1	集中排风系统,可按时段控制运行				2		2
1.5.3.2	电梯具有自动休眠或自发电功能				1		1
	两台以上电梯未配置群控功能				-1		
1.5.3.3	供电装置可靠,变压器供电电压与末端最不利点电压差值不大于变压器输出电压的4%				1		1
1.6	能耗监测管理系统		8				
1.6.1	能耗采集系统			4			

续表

序　号	测评内容	各部分总分	各大项总分	各分项总分	各次分项总分	各小项总分	计分
	饭店已按管理职能分区(三级分区,分项至独立区域或班组),安装分项分类计量并通过计算机管理					4	4
	饭店已按管理职能分区(二级分区,分项至部门),安装分项分类计量并通过计算机管理					3	
	饭店已按部门、对重点能耗设备分装计量					2	
	饭店对重点能耗设备进行独立计量管理					1	
1.6.2	能耗管理系统				4		4
	局域网能耗管理系统,各部门可实时反映能耗与能耗定额的对比,工程数据分析功能完善					4	
	采用计算机管理,可分析主要能耗设备效率、综合能源单价,实时反映能耗与指标值的变化					2	
	采用计算机管理,可分析主要能耗设备效率、综合能源单价,进行数据对比					1	
2	能源管理		26				
2.1	能源管理组织			3			
	饭店成立以总经理为首的节能减排管理机构,并定期开展活动,有相应考核指标				3		3
	饭店以工程部或其他职能部门为节能减排管理的主要部门,并定期开展活动,有相应考核指标				1		
2.2	管理人员素质			4			
2.2.1	主要能源管理人员接受专业机构节能培训并通过考核				1		1
2.2.2	职能部门管理人员素质				3		
	工程部经理具有工科本科以上学历或技术类中高级专业职称					3	3

续表

序 号	测评内容	各部分总分	各大项总分	各分项总分	各次分项总分	各小项总分	计分
	工程部经理具有工科大专以上学历或技术类中级专业职称				2		
	工程部经理具有工科大专以上学历				1		
2.3	节能减排培训与宣传		5				
2.3.1	宣传机制			2			
	饭店建立低碳、节能减排培训与宣传机制,并有相应负责人,定期开展工作				2		2
	饭店有固定的节能减排宣传栏并定期更新				1		
2.3.2	对入店新员工进行节能减排知识培训与考核			1			1
2.3.3	营业区域设置节能减排服务方式的提示标志			2			2
2.4	节能减排制度建设(每少一项扣1分)						
2.4.1	重点能耗设备分类台账						
2.4.2	重点能耗设备保养标准与记录						
2.4.3	各区域空调运行标准及运行记录						
2.4.4	新风机组运行标准及运行记录						
2.4.5	中央空调供水变水温运行标准与中央空调运行记录						
2.4.6	中央空调水系统水质处理标准与记录						
2.4.7	冷热水用水点水压控制标准及实测记录						
2.4.8	热水供水温度标准及运行记录						
2.4.9	公共区域灯光管理标准						
2.4.10	户外照明管理标准及运行记录						
2.5	能源管理措施		8				
2.5.1	建立设备节能减排运行台账(包括运行方法、评价指标)			2			2
2.5.2	建立能源管理目标与实施方案			2			2

第五章　饭店企业实测调研与后续问题展望
Chapter 5   The Practical Investigations of Hospitality Industry and the Prospect of its Follow-up Problems

续表

序　号	测评内容	各部分总分	各大项总分	各分项总分	各次分项总分	各小项总分	计分
2.5.3	能源计量表的校准				1		1
2.5.4	开展合同能源管理				3		3
2.6	节能减排检查与考核			6			
2.6.1	能管监察				2		
	饭店成立节能减排质检小组（或由质检部兼任）并有相应的检查考核标准					2	2
	工程部进行定期的节能减排检查并有相应记录					1	
2.6.2	能源考核				2		
	饭店对班组长以上制定考核指标并实施					2	2
	饭店对部门经理以上制定考核指标并实施					1	
2.6.3	能耗分析报告制度				2		
	饭店执行能源分析日报告制度，并有实际分析及控制内容					2	2
	饭店执行能源分析汇报制度，周期不超过1周，并有实际分析及控制内容					1	
	饭店执行能源分析汇报制度，周期不超过1个月，并有实际分析及控制内容					0.5	
3	环境保护		16				
3.1	地址环境保护			5			
3.1.1	场地建设不破坏当地自然水系、湿地、基本农田、森林和其他保护区，与环境协调较好				1		1
3.1.2	合理采用屋顶绿化、垂直绿化等方式				1		
3.1.3	绿化物种选择适宜当地气候和土壤条件的乡土植物，且采用包含乔、灌木的复层绿化				1		1

续表

序　号	测评内容	各部分总分	各大项总分	各分项总分	各次分项总分	各小项总分	计分
3.1.4	场地交通组织合理,饭店到达公共交通站点的步行距离不超过500m			1			1
3.1.5	合理开发利用地下空间			1			1
3.2	节材		5				
3.2.1	建筑造型要素简约,无大量装饰性构件			1			1
3.2.2	土建与装修工程一体化设计施工,不破坏和拆除已有的建筑构件及设施,避免重复装修			1			1
3.2.3	办公、商场等功能室内采用灵活隔断,减少重新装修时的材料浪费和垃圾产生			1			1
3.2.4	装修用材考虑耐久性,装修设计考虑易维护性			1			1
3.2.5	有完善的建筑、装修、设施的维护机制与手段,延缓周期性装修的频率			1			1
3.3	室内环境		2				
3.3.1	建筑围护结构内部和表面无结露、发霉现象			1			1
3.3.2	建筑设计和构造设计有促进自然通风的措施			1			1
3.4	环保		4				
3.4.1	游泳池、水景等采用臭氧水处理			1			
3.4.2	使用本地采购和生产的材料、家具、原料等			1			
3.4.3	使用环保装修材料			1		1	
3.4.4	可循环物品的存储与收集			1			
实测总分				104.5			

（三）实测评价

根据"单位面积综合能耗"和"节能减排措施"两项测评结果,饭店的节能减排考核等级为一级,见表5－6。

表 5-6 节能减排考核测评得分表

五星级	单位面积综合能耗测评分	节能减排措施测评分
一级能耗标准	90	95
实测得分	100	104.5

第二节 后续问题展望

一、《考核体系》的进一步完善

(一)完善测评体系

《考核体系》的制定是一项系统工程,做好这一体系的设计,除了要有旅游行业管理部门和饭店企业的指导、支持与关注之外,还需要汇集建筑、能源、环保等方面的专家共同研讨;并在广泛征求相关行业专家意见、深入进行饭店企业实测调研的基础上,进行必要的修订和完善。

(二)能耗测评参数的修订

本次研究中,应用主成分分析法对"年总能耗/建筑面积"、"年总能源费/年总营业额"、"年总能源费/建筑面积"三个常用指标进行了分析和定量计算,并得出可以用"总能耗/总建筑面积(单位面积综合能耗)"为评价指标的算法。这一算法还需要通过更多年份、更多企业的样本数据作进一步检验,并通过较广泛的饭店企业实测进行验证。另外,在某些条件下,特别是饭店经营状况不佳的情况下,其单位面积的综合能耗势必较低,而这种低消耗并不能反映其节能设计及能源管理的真实水平。因此,测评经营状况较差的饭店时,可能还需要参考其他两个指标的数据进行综合评价。

(三)考核测评内容的进一步验证、修订

《考核体系》中的"综合能耗指标"、"综合能耗修正系数"及"节能减排措施"等内容尚需要进一步论证。比如,"单位面积综合能耗指标"值和"单位面积综合能耗限额"值的确定还需要更多的数据样本作进一步验证。同时,随着各类新技术、新设备的不断成熟以及饭店能源管理整体水平的提高,能耗指标值需要定期修订和更新。另外,不同"餐饮与客房规模比"对饭店综合能耗的影响、精品饭店(规模较小、以客房为主,餐饮、会议等配套功能较少)的综合能耗指标的确定等均有待作进一步调研、数据采集和确定修正系数。同时,节能减排措施中的一些测评项目还需要作科学、合理地修订与完善,以进一步提高实际测评中的操作性。使得这一评价体系能全面、准确、科学地反映出饭店能源管理的综合水平,并对行业发展发挥一定的引导作用。

二、饭店行业节能减排展望

（一）政策导向

要推进饭店行业的节能减排,政府和旅游主管部门必须发挥主导作用。首先,要制订一个完整的行动方案及节能减排政策体系。我国饭店业把节能减排作为一项管理战略纳入经营管理过程中的时间较短,经验不足,而且,企业在承担高额的节能设备投入方面也面临很大困难。所以政府应该加大对饭店业推广节能减排的财税支持力度,尽快建立实施有效的节能减排激励机制。如饭店节能改造投资贴息政策、节能专项资金,对低能耗及能源管理工作较好的饭店实行税收优惠、能源价格按节能级别实行浮动等政策;对高能耗、过度消耗资源、污染环境的企业必须进行相应的警告、经济处罚措施等。积极引导饭店企业开展节能减排工作。其次,要建立协调机制,明确各相关主体责任,对启动、实施、宣传教育及成果推广应用等具体行动作出计划。另外,还需要制定与饭店业节能减排有关的法律、法规,使饭店业的节能减排工作有法可依、有据可寻,为行业节能减排的推广创造良好的政策环境。

（二）节能减排示范点

通过《绿色旅游饭店》(LBT007—2006)、《节能减排法》等国家和地区一系列法规、标准的贯彻执行,充分利用国家实施节能减排的产业政策、财税政策和推广政策;加大"绿色管理"的实施力度;按照《节能减排统计监测及考核实施方案和办法》(国发〔2007〕36号),根据行业特点,建立饭店企业的能源计量统计、监测和考核体系;按监测、考核结果,可选择节能减排工作开展较好的饭店企业作为示范项目,做好试点、推广工作;也可遴选实施合同能源管理、有建筑节能专项引导资金项目扶持的饭店,进行不同类别的试点;及时总结节能经验和能源管理新模式,完善相关规范和标准,再进行全面推广,有利于行业节能减排工作规范、稳妥地推进。

(三)培育节能服务体系

饭店属于大型公共建筑,我国建筑节能工作已开展了十多年,从政策、法规制度、技术标准体系、创新几个方面取得了阶段性的成果。政策的不断完善已为建筑节能服务的发展创造了政策环境,法律法规制度的不断健全为建筑节能服务的发展奠定了法律基础,建筑节能技术标准体系的建立和完善为建筑节能服务的发展提供了技术支撑。可以说,一方面,建筑节能工作的开展已经为建筑节能服务市场的发展创造了必要条件;另一方面,建筑节能工作的推进与发展,客观上也要求建筑节能服务体系的建立。用户不花钱或少花钱,就能实现建筑的节能改造、节约运行,并且每年可从节约的能源费用中获益,这便是节能服务这种依托合同能源管理市场新机制带来的效益。但总体来讲,我国节能服务市场仍处于起步阶段,建筑节能服务体系尚未完全建立,主要问题有以下几个方面:一是缺乏建筑节能信息交流平台,信息传播渠道不畅;二是当前融资环境还不利于建筑节能服务市场的发展,金融服务品种不能满足当前的市场需要;三是未形成完善的建筑节能服务能力;四是建筑节能市场体系不完善;五是建筑节能服务市场缺乏政府的引导。因此,培育建筑节能服务体系已成为政府相关部门的重要任务和责任,也将成为利用市场机制推进建筑节能工作的一个重要抓手。

(四)扩大技术交流

准确、及时、有效的节能技术、管理措施、节能信息交流对于加快行业推广节能减排的步伐具有重要的促进作用。一家饭店自身收集并判别节能信息、开发节能技术的力量有限,在面对众多节能设备时不能作出科学的比较,选择最切合实际的新技术、新设备,造成有的企业盲目上马,投入大量的资金,却没有取得良好的节能效果。因此,行业管理部门、行业协会等作为连接组织内成员的桥梁,应加大节能技术推广和服务的力度,通过行业节能研讨会、节能技术交流、举办饭店节能技术产品博览会等形式,交流节能经验、推广节能产品,为饭店之间、饭店与节能企业之间搭建起节能信息沟通的平台,可以在很大程度上提高节能减排工作的推进质量和效率。

参考文献

[1] 石培华,吴普. 发展低碳旅游的思路与举措. 中国旅游报,2010-01-08.

[2] 鲁凯麟. 节能减排 星级饭店大有可为. 中国旅游报,2010-06-30.

[3] 蔡萌,汪宇明. 低碳旅游:一种新的旅游发展方式. 旅游学刊,2011(1).

[4] 王娟. 低碳化:旅游业发展必须面对的课题. 中国旅游报,2009-09-23.

[5] 翁钢民,刘岩. 低碳饭店的实现路径:基于环境成本控制视角的研究. 生态经济,2011(1).

[6] 魏卫,赵思香,杨新凤. 酒店业推广节能减排影响因素的实证研究——以广东省星级酒店为例. 旅游学刊,2010(3).

[7] Garston Watford. BREEAM/New Office Version1/93, an environmental assessment for new office designs. United Kingdom:Building Research Establishment,1993.

[8] U.S. Green Building Council. LEED Rating System Version2.0. Washington,DC:U.S. Green Building Council,2001.

[9] Raymond J. Cole, Nils Larsson. GBC2000 Assessment manual. Ottawa:Natural Resources Canada, 2000.

[10] 日本可持续建筑学会. CASBEE 建筑综合环境性能评价系统. 石文章,译. 北京:中国建筑工业出版社,2005.

[11] INTERNATIONAL HOTEL & RESTAURANT ASSOCIATION. Environmental Good Practice in Hotels. New York USA:The American Hotel & Motel Association,1996,6.

[12] INTERNATIONAL HOTEL & RESTAURANT ASSOCIATION. Environmen-

tal Good Practice in Hotels. New York USA：The American Hotel & Motel Association, 1999,12.

［13］INTERNATIONAL HOTEL & RESTAURANT ASSOCIATION. Environmental Good Practice in Hotels. New York USA：The American Hotel & Motel Association, 2000,4.

［14］INTERNATIONAL HOTEL & RESTAURANT ASSOCIATION. Environmental Good Practice in Hotels. New York USA：The American Hotel & Motel Association, 2001,3.

［15］INTERNATIONAL HOTEL & RESTAURANT ASSOCIATION. Environmental Good Practice in Hotels. New York USA：The American Hotel & Motel Association, 2002,6.

［16］INTERNATIONAL HOTEL & RESTAURANT ASSOCIATION. Environmental Good Practice in Hotels. New York USA：The American Hotel & Motel Association, 2003,8.

［17］Ranzi MF,Cappeli L. Integration between ISO9000 and ISO14000：opportunities and limits. Total Qual Manage 2000,11(4).

［18］Quazi HA,Khoo YK. Motivation for ISO14000 certification：development of a predictive model. Omega,2001,29(6).

［19］Ritchie I,Hayes WA. A guide to the implementation of ISO14000 series on environmental management,Englewood Cli. s(NJ)：Prentice – Hall,1998.

［20］ADEME. Final Report – Green Flag for Greener Hotels,LIFE ENV/00038/FR Porject,06/02/2001.

［21］ADEME. Interim Report and Annex – Green Flag for Greener Hotels,European Commission DGXI,LIFE Program,1999.

［22］D. N. Trang. Resource use and waste management in Vietnam hotel industry. Journal of Cleaner Production. 2005,13(6).

[23] Alberti M., Rossi D. Evaluation of costs and benefits of an environmental management system. Int J Prod Res,2000,38(17).

[24] Anderson J. Development of an environmental research strategy in Sweden. J Constr Steel Res,1998,46(3).

[25] Berkel R, Kampen MV, Kortman J. Opportunities and constrains for product-oriente environmental management system(P-EMS). J. Clean Prod,1999,7(6).

[26] Berry MA, Rondinelli DA. Proactive corporate environmental management:a new industrial revolution. Acad Manage Exec,1998,12(2).

[27] Biro JA, Junquera B. Influence of the perception of the external environmental pressures on obtaining the ISO14001 standard in Spanish industrial companies. Int J. Prod Res,2003,41(2).

[28] IHR. Environmental Good Practice in Hotels. New York USA:The American Hotel & Motel Association,1999,10.

[29] IHR. Environmental Good Practice in Hotels. New York USA:The American Hotel & Motel Association,2000,2.

[30] 张超英,索晨霞,Wei Deng Solvang. 中国农村建筑节能技术应用与效益评价.北京:经济科学出版社,2011.

[31] 阮立新. 我国饭店建设中的若干问题研究. 中国经贸导刊,2012(5).

[32] 龙惟定,白玮,梁浩. 建筑节能与低碳建筑. 建筑经济,2010(2).

[33] 清华大学建筑节能研究中心. 中国建筑节能年度发展研究报告2010. 北京:中国建筑工业出版社,2010.

[34] 李晓. 江苏星级酒店低碳节能措施研究. 江苏商论,2011(10).

[35] 张乐. 酒店能耗控制指标研究. 能源研究与信息,2006(1).

[36] 王伯启. 杭州市高星级酒店节能降耗调查研究. 郑州航空工业管理学院学报,2011(4).

[37] 宫喜龙. 酒店能耗分析与节能措施. 煤气与热力,2008(5).

［38］高兴.绿色酒店经济发展与运行管理模式.北京:中国建筑工业出版社,2009.

［39］谭志宣,孙一坚.饭店节能技术及应用实例.北京:化学工业出版社,2006.

［40］陈秦怡,万金庆,范颖.室内温度变化对空调能耗的影响.制冷与空调,2008(3).

［41］阮立新.低碳经济背景下的饭店管理方略.江苏商论,2011(9).

责任编辑：郭珍宏

图书在版编目(CIP)数据

江苏省旅游饭店行业节能减排考核体系研究/阮立新著．—北京：旅游教育出版社，2012.11

ISBN 978－7－5637－2492－5

Ⅰ.①江… Ⅱ.①阮… Ⅲ.①旅游饭店—节能—考核—管理体系—研究—江苏省 Ⅳ.①F719.2

中国版本图书馆 CIP 数据核字(2012)第 218742 号

江苏省旅游饭店行业节能减排考核体系研究

阮立新 著

出版单位	旅游教育出版社
地　　址	北京市朝阳区定福庄南里 1 号
邮　　编	100024
发行电话	(010)65778403 65728372 65767462(传真)
本社网址	www.tepcb.com
E－mail	tepfx@163.com
印刷单位	北京中科印刷有限公司
经销单位	新华书店
开　　本	787mm×1092mm　1/16
印　　张	12
字　　数	151 千字
版　　次	2012 年 11 月第 1 版
印　　次	2012 年 11 月第 1 次印刷
定　　价	35.00 元

(图书如有装订差错请与发行部联系)